红色记忆® 56

根据地烽火

海南省文化交流促进会　编

南海出版公司
2016·海口

图书在版编目（CIP）数据

红色记忆.56，根据地烽火 / 海南省文化交流促进会编. -- 海口：南海出版公司，2016.12（2025.1 重印）
ISBN 978-7-5442-8747-0

Ⅰ.①红… Ⅱ.①海… Ⅲ.①革命传统教育－中国－青少年读物 Ⅳ.① D642-49

中国版本图书馆 CIP 数据核字（2017）第 046499 号

HONGSE JIYI · 56——GENJUDI FENGHUO

红色记忆 · 56——根据地烽火

作　　者　海南省文化交流促进会
总 策 划　刘　栋
顾　　问　贾延岩
执行总编　任在齐
责任编辑　聂　敏
封面设计　郑广明
排版印务　白　多
发行总监　杨成春
出版发行　南海出版公司　电话：（0898）66568505
社　　址　海南省海口市海秀中路 51 号星华大厦五楼　邮编：570206
电子信箱　nhpublishing@163.com
经　　销　新华书店
印　　刷　天津睿意佳彩印刷有限公司
开　　本　787 毫米 ×1092 毫米　1/16
印　　张　6.75
字　　数　118 千字
版　　次　2016 年 12 月第 1 版　2025 年 1 月第 2 次印刷
书　　号　ISBN 978-7-5442-8747-0
定　　价　39.80 元

对历史无知的人，没有真正的信仰可言；没有信仰的人，不可能拥有美好的理想，不可能胸怀崇高的情感，也就不可能担负起任何责任。用欲望文化代替历史教育，足以使一个国家的青年被腐蚀、使一个民族的希望被毁掉，使这个国家和民族被永世万代地奴役！

鉴于此，我们呼唤历史，唤回那段属于二十世纪的“红色”历史，唤回那段炮火硝烟、颠沛流离的历史，唤回那冲天的狼烟留下的悲壮回忆、岁月年轮沉淀的斑驳痕迹。历史不应该被忽略，更不应该被遗忘，牢记那段革命战争年代的红色历史更是责任。为了那些不应该被忘却的记忆，为了那些不应该被丢弃的信念，于是就有了这套《红色记忆》丛书。

曾记否，当草鞋与意志丈量出来的两万五千里穿越一个伟大民族五千年的荣辱兴衰，革命的火种被一路播撒、一路点燃。人迹罕至的雪山、荒无人烟的草地被鲜血浸透，衬映出一段光辉的里程；万水千山早已被远远地抛在身后，一轮红日在黄土高原磅礴而起。满目疮痍的河山在1936年10月温暖如春……

曾记否，当生命和鲜血浸染的十几年光阴将一种记忆铭刻进一个伟大民族的历史画卷，革命的火焰从星火到燎原。这栏杆拍遍、易水悲歌般的呼号，这折戟沉沙、慷慨赴义的悲壮，这铁马冰河、枕戈待旦的苦战，这红旗漫卷、所向披靡的豪迈……腔腔热血、铮铮铁骨早已被融铸成一座不朽的丰碑，中华民族从苦难中百死后生的壮丽诗史凝结成了五星闪耀的红色记忆。

曾记否，中华人民共和国成立以来，又有无数英烈接过前辈用鲜血染红的旗帜，或壮怀激烈戍边卫国，或忠于职守鞠躬尽瘁，或绝甘分少奉献大爱，甘做国家强盛、人民富裕的铺路石，成为和平年代民族复兴的荣光，把人民心中的红色记忆浸染得分外鲜艳，永不褪色。

这红色记忆，是信念不衰、志向不改的崇高气节；这红色记忆，是无私无我、生属苍生的博大胸怀；这红色记忆，是敢为人先、披荆斩棘的拓荒精神；这红色记忆，是中华民族最宝贵的精神财富。它告诫我们，人事有代谢，传承无绝期。缅怀先烈精神，继承先烈遗志，是社会的道德和民族的良心，是后来者须臾不可忘怀的本分。

老一代人把历史的真实交付给我们，我们有责任用真实还原历史，传承给下一代，把那段岁月与现在年轻人的生活连接到一起，使他们眼中的历史变得立体、真实、可靠，让历史成为他们前进的动力。本丛书将那些流动的、随时会飘散在时间天际的事件凝固下来，希望透过这些文字、图片，感受到英雄们那坚定的革命信念，感受到那个年代澎湃的革命激情，真切体会那段“红色历史”。

忘记历史，就意味着背叛。让我们重温历史，缅怀先烈，从中汲取力量，毅然前行。

刘栋

目录

CONTENT

目录 CONTENT

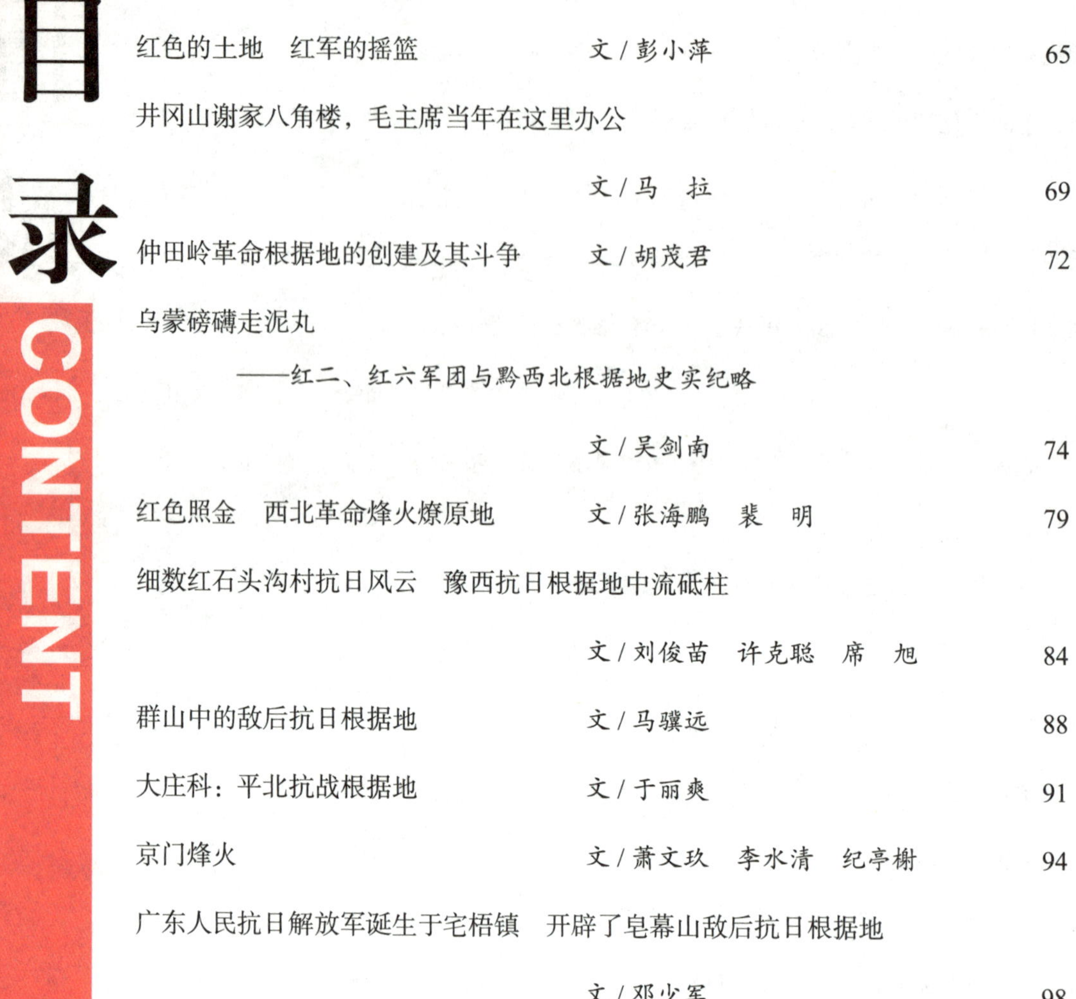

投笔从戎参建抗日根据地

文/李　跃　温敏樱

在梅县区松源镇，有一位记者出身的革命老人，曾担任《梅县民报》和汕头《汕报》驻松口记者，还与人合办抗日报刊《东方民报》。后来投笔从戎，被派到东江游击区工作，率领东纵北江支队挺进北江，在英德东部地区建立抗日根据地，为抗战做出了杰出贡献。他就是现年九十九岁高龄的老红军李东明。日前，笔者专程来到广州，挖掘他在抗战中的英勇故事。

与人合办报刊宣传抗日

李东明出生于1917年7月，原名陈海萍，是梅县区松源镇人。他从小跟着父亲在松口生活。刚上初二时，因父亲生意失败导致负债累累，李东明不得不退学，和家人一起谋生计。

李东明（图片来源：《梅州日报》）

李东明的儿子陈东昌说："虽然父亲文化程度不高，但他喜欢读书、喜欢钻研。"笔者在李东明家中看到，他的书柜里堆满了各种革命书籍和铁路工作记录、研究心得，墙上挂着原梅县地区专员、原中共梅县地委副书记梁集祥等人赠送的字画和各种关于松口的照片、资料等。

1934年，受老党员陈慰慈的影响，十七岁的李东明接触到了革命思想。"我和陈慰慈很投缘，他将收藏的十多本马列著作交给我。我和同事李显云（李峰）、林汝舜共同阅读，深受感染，从此三个人都信仰共产主义。”李东明说。

1935年秋，李东明和林玉明、陈慰慈等人创办了《东方民报》宣传抗日救亡。他负责新闻采写，还担任《梅县民报》和汕头《汕报》驻松口记者。据李东明后来撰写的回忆录记载，1935年12月，北平大学学生举行示威游行，掀起了全国抗日救亡运动的高潮。为此，他们成立了青年读书会等组织。各组织、团体共有数百人，均以东方民报社为活动中心。“父亲认为只有办好自己的报纸，才能做好抗日工作。”陈东昌说。

1936年7月，《东方民报》被勒令停刊，李东明等人将其改名为《平报》，继续开展抗日救亡宣传。同年12月，李东明等十余人秘密组织了松口救国会。1937年初，他加入中国共产党，任松口支部书记。后又发起并组织了梅县救国会，负责编辑出版《救亡报》。同年3月，不到二十岁的李东明出任中共梅县临时工委书记。

遭叛徒出卖在梅县被捕

成为中共梅县地区的领导人后，李东明很快成了国民党抓捕的目标，他只好离开家转移到中共闽粤赣边委。1937年10月，李东明参加红军，历任闽西南红军游击队政治部宣传科副科长、代理科长。后游击队被整编为新四军第二支队，他成为最早的新四军一员，在张鼎丞的领导下工作。历任第二支队政治部教育科长，新四军教导总队中共总支部书记，新四军政治部干部科长兼军医处政治协理员。“宣传队沿途写抗日标语，到了宿营地就进行宣传活动。在部队休整时，张鼎丞司令集合连、营、团干部和宣传队学习，我父亲负责讲党中央的抗日民族统一战线政策。”陈东昌说。

1940年12月，因所在部队北撤时被打散，找不到组织的李东明便乔装成百姓回到梅县老家。1941年1月6日，国民党对新四军发动了震惊中外的皖南事变，六千多名新四军官兵壮烈牺牲，李东明却因此躲过一劫。但因叛徒出卖，李东明在1941年4月一回到梅县就被逮捕了。

被捕后，李东明的家人、部下和新四军教导总队干部李国玺等对他展开营救。“当时要被枪毙了，但父亲趁看守松懈之际从厕所的后窗逃出，逃到十五公里外的李国玺家中躲藏。”陈东昌说，为避免再次被发现，父亲改名为李东明。在躲避期间，李东明与另一位革命同志归队心切，打听到香港的八路军有公开的办事机构，便决定去香港。不料，两个人在偷渡去香港途中被日军抓到深圳三门关做苦工，后来才逃到香港。

领导北江支队建根据地

到香港后，李东明找到八路军驻香港办事处主任廖承志，希望廖助他回到新四军。没多久，香港沦陷，李东明被派到东江纵队，任政治部副主任。

1944 年 12 月，日军会攻粤北，乐昌、清远、英德、韶关先后被占领。1945 年 1 月底，东江纵队在惠阳县（今惠阳区）坪山组建广东人民抗日游击队北江支队和西北支队。北江支队由邬强任支队长、李东明任政委兼政治处主任。其任务是挺进北江，在英德东部地区建立抗日根据地，站稳脚跟后向粤北发展。

1945 年 3 月 12 日，邬强、李东明率北江支队四百余人，与西北支队并肩从博罗县罗浮山出发，经过增城，渡过流溪河，进入从化。1945 年 3 月 17 日，经过长途行军，北江支队到达英德县（今英德市）东部鱼湾地区的坝子白围村，顺利挺进北江。

抗战胜利时，东江纵队按照中央部署北撤至山东，李东明任北撤部队第三大队政治委员。此后，李东明任华东军区铁路警备司令部政治部主任等职。济南解放后，任济南铁路局副局长、党委常委，直至离休。

“父亲常说，他一生都投身革命，这辈子死里逃生都是家常便饭，但他问心无愧、无怨无悔。”陈东昌自豪地说。

（本文发表于 2016 年 11 月 16 日，选自《梅州日报》）

抗日老战士赵增讲述晋绥边区抗战故事

文/刘伟 李品 严坤

“‘敌驻我扰，敌疲我打。’我们总是晚上出击打日寇，能成功要去，不大能成功也要去，就是要让鬼子不得安宁。”九十岁高龄的赵增老人回忆起当年在晋绥边区痛击日寇的情景，声如洪钟，侃侃而谈，仿佛又回到那烽火连天的岁月。

赵增老人正在讲述当年的故事（图片来源：中国军网）

抗日战争时期，中国共产党以吕梁、太行山脉为依托，开辟建立了晋绥敌后抗日根据地。晋绥边区是抗日战争时期我党领导的革命根据地之一，包括山西省西北部和原绥远省（“中华民国”时省名，包括今内蒙古自治区南部地区，1954 年并入内蒙古自治区）东南部广大地区。在十四年抗战中，边区军民和日伪军作战一万余次，毙伤日伪军十万余人，对夺取抗日战争的胜利做出了重大贡献。

赵增出生在山西朔州一个贫苦农民家庭，从小当放牛娃，十来岁就到地主家当长工。后来，侵华日军打到朔州，当长工日子也过不下去了。1943 年他当了兵，成为晋绥军区忻部支队第十中队的一名战士。

谈到为什么要参加八路军，赵增老人说：“八路军好啊，经常帮助穷人，为穷人主持公道；他们也不怕日本人，敢和鬼子对着干，给咱中国人报仇。我当时就认准了这支队伍是好样的，刚满十八岁就跑去参加了八路军。当兵就为打鬼子——当时我就是这么想的，村里同去的几个人，没有一个当逃兵。”言语间，透着军人特有的自信和自豪。

当年，日军侵占山西后，遭到抗日军民不断地抵抗，因而只控制了主要交通线上的若干城镇，周围则是共产党领导的人民抗日武装的根据地和游击区。赵增老人在地图上指了指同蒲铁路，说："日本人占领我们山西后，弹药、武器、给养这些东西，都是通过这条铁路运的。我们会去破坏敌人的铁路，有时候是接了任务专门去破坏，有时候是行军途中顺便给他来一下子。"据史料记载，由于抗日军民的不断破袭，从1943年起，日军控制的北同蒲铁路线仅能勉强通车。火车不敢开得很快，时速只有25～35公里，也不敢挂太多的车厢，牵引重量只有三百吨左右。

赵增老人说："我们的部队采取游击作战方针，经常在夜间行动。北方的冬夜，寒风刺骨，滴水成冰，但无论天气多冷，任务都要照常执行。有时一条河一晚上要来回穿梭好几趟，河水结冰之前，身子一晚上要湿好几次，出击一次要走上四五十公里。这样行军非常艰苦，好多新战士刚开始不适应，回来就感冒发烧，后来习惯了就没事了。"

日军武器精良，还有大批伪军跟着，如果在开阔地带和鬼子硬拼，八路军会处于劣势。于是就改成白天休整，晚上去袭扰日军。"别看白天鬼子耀武扬威，晚上就只能龟缩在炮楼里，这时就成了我们的天下。"

赵增老人讲述了一次晚上端鬼子炮楼的经历："鬼子这个据点离忻州城就十几里，如果我们动作慢了，城里的鬼子就有可能跑过来'包我们的饺子'。但我们掌握的情况很准确，里面有几个鬼子、什么装备我们都很清楚，大家都有信心打掉它。出发前部队首长要求我们'动作要快、要狠！打完就撤'。下半夜我们来到鬼子的据点附近，听里面没啥动静，我的一个老乡就摸过去，绑了几颗手榴弹往据点的门前一丢，'轰'的一声，门被炸开了。大家一拥而上，打得鬼子措手不及，战斗很快就结束了。这次战斗缴获不少战利品，三八大盖有十几支，还在鬼子床下搜到了七箱铁盒子罐头。回去后给了老乡们一部分，我们自己留了一些。后来，附近老乡告诉我们，部队撤了没多久，城里鬼子的大部队就来了。一个鬼子军官看着被我们炸塌的据点，气得嗷嗷直叫！"

除袭扰智取之外，八路军硬拼也不输给鬼子。赵增老人回忆说："有一次我们排单独执行任务，在回来的路上，突然与日军遭遇。几乎是撞了个正面，枪栓都来不及拉，我们就和敌人拼刺刀。鬼子清一色的三八大盖，比我们使的汉阳造长了将近半米，装备上我们吃了亏。但战友们心里有仇恨、有精神，都不怕死！我有个一起来当兵的老乡很勇敢，每次打仗都冲在最前面。鬼子一刀刺在他的胸口上，他用力往前一冲，鬼子的刺刀从他后背穿了出来，但同时他的刺刀也给敌人来了个'透心凉’，和鬼子同归于尽！”

沉默了好一会儿，赵增老人双眼噙满泪水，接着说：“看到这一幕，鬼子们吓坏了，好几个鬼子的腿直打哆嗦！同志们也深受感染，发了疯似的追着鬼子杀，鬼子仓皇逃窜。这次打了个胜仗，共消灭了十二个鬼子，但我们排也牺牲了五名战友！”赵增老人在这次战斗中也光荣负伤，肩膀上留下了长长的疤痕。

“日本鬼子很厉害，但我们自有对付的办法。鬼子‘扫荡’时，我们的部队、民兵、群众之间都有沟通渠道，鬼子一出动，信息就迅速传开。像电影里演的鸡毛信、消息树这些方法，我们都用过。军民一起坚壁清野，就是要把鬼子陷入人民战争的汪洋大海。鬼子物资供应受阻，出来‘扫荡’的次数就明显少了。鬼子进村，牵牛拉羊，群众损失大。我们行动多，敌人就来得少。老百姓高兴啊，总是宰羊慰劳我们，军民之间真是鱼水关系，都像亲人一样！”

（本文选自中国军网）

星火燎原母瑞山

文 / 胡续发

位于定安县的母瑞山革命根据地纪念园（图片来源:《海南日报》）

一条羊肠小道，弯弯曲曲，高高低低，在两旁绿韵盈盈的山林和丘陵的簇拥下，向着母瑞山最高峰南牛岭的山脚延伸。

这样一个树木葱茏的地方，谁承想，八十多年前竟是个“红”透了的世界。琼崖特委、琼崖苏维埃政府、琼崖独立师师部等琼崖党政军三大机关先后迁进此地，把溪流潺潺的滑沟一带变成了当局眼中钉、肉中刺的共产党“大窝”。

遥想当年，这条红色小道一定热闹非凡，南来北往的革命者川流不息，到此传达指示、汇报工作、分析形势。他们捧着一颗红心来，带着一份希望去。

这样的红色小道何止一条、两条。在方圆上百平方华里（1 平方华里等于 0.25 平方公里）的母瑞山，在八十多年前两个特殊时间段内，一条条红色小道星罗棋布、互联互通，成为共产党人与敌周旋、战胜艰难险阻的生命通道，两次保存了琼崖革命的火种。这些火种越烧越旺、越烧越大，直至淹没黑暗，照亮全琼。

巍巍青山　铭记不朽英魂

落日西沉，当层峦叠嶂的母瑞山披上夜色，山中深林却有一处灯火通明。远远传来“铿铿锵锵”的锣鼓声、“咿咿呀呀”的唱腔，以及时不时的叫好声和掌声。

母瑞山革命根据地红军操场遗址（图片来源：《海南日报》）

这林海深处的快乐时光，来自红军大礼堂——一间茅草搭建的简陋棚子。红军剧团的十多名演职人员自编自演，常常在这里为根据地军政民烹制琼剧大餐。

“在紧张的军事斗争之余，根据地的建设有条不紊。”定安县委党史研究室主任、副研究员崔开勇说。母瑞山根据地办了军械厂、医院、印刷所、粮食加工组、缝纫组、商店、剧团等，因陋就简，满足军民物质精神需求。

中瑞农场母瑞区第三队退休职工马志文的家，距离红军大礼堂不足百米，老人没事的时候常会去看看。然而，静静的遗址上种满了庄稼，“只有一块纪念碑，什么都没有了”。

回望前尘，踪影难寻。风过处，林木萧萧作响，惊起飞鸟数行。纵然岁月流逝，那一段铁马金戈的历史，已永远地定格在这片红色的土地。

这边，根据地刚刚获得片刻休整，剧团的乐器余音未了；那边，国民党当局的飞机和大炮便迫不及待，轮番上阵，妄想攻进母瑞山，端掉共产党的“大窝”。

那是 1928 年，广东国民党蔡廷锴师和谭启秀独立团对琼崖苏区进行第一次“围剿”。是年冬，土地革命转入低潮，琼崖上空乌云密布。琼苏领导人王文明率领红军及革命群众数百人，冒着敌人的枪林弹雨，向母瑞山转移，开辟革命根据地，第一次保存了琼崖革命的火种。

红军得到发展壮大，引起了敌人的恐慌。1932 年 8 月，国民党对琼崖苏区展开了第二次“围剿”。直到 1933 年 4 月，在琼崖革命最为艰苦的八个多月里，琼崖特委书记冯白驹带领红军队伍辗转母瑞山，创造了人类在极端环境中生存的奇迹，第二次保存了琼崖革命的火种。

听，耳边阵阵山风，那是红军在奔跑吗？看，脚下山石殷红，那是红军的鲜血染成的吗？

母瑞山有个叫青龙潭的地方，崖高石坚，水流淙淙。当年，红军战士经常在这里汲水、淘米、洗澡。而这温馨的生活场面没有持续多久，便上演了一个如狼牙山五壮士一样壮烈的故事。

1932 年秋，敌人攻入母瑞山后，十多名红军伤病员且战且撤，最后弹尽粮绝，被步步逼退到潭边。为了不被活捉受辱，勇士们怀抱钢枪从石壁上纵身跳入潭中，壮烈牺牲。鲜血染红了潭水，顺流而下……

此后，当地人把青龙潭叫作红军潭，流传至今。

巍巍青山，长埋铮铮忠骨；涓涓绿水，铭记不朽英魂。当我们无忧无虑地享受幸福生活时，是否自问：幸福怎么来的？是用鲜血换得，是用生命换来！

母瑞山革命根据地纪念园内的红军潭景色（图片来源：《海南日报》）

林海低吟　为生命顽强而歌

行走在母瑞山上，挂满枝头的野果随处可见，不时会遇上上山干活的农民。然而，把时光拉回到八十多年前，“当时的母瑞山基本设施已荡然无存，战士们完全与世隔绝。”崔开勇这样判断。

在第二次“围剿”中，国民党军队对苏区实行烧光、杀光、抢光的“三光”政策，将红色村庄划为“无人区”，对母瑞山进行层层包围，还放出猎狗进行搜山。

为了打破敌人的围困，分散敌人的注意力，琼崖特委决定，红军主力向乐会转移。冯白驹和琼苏政府主席符明经带领特委和琼苏政府机关以及警卫连一百多人继续留在母瑞山坚持斗争。饥饿，是他们最大的敌人。

饿到什么程度？饿到前胸贴后背，饿到走不动路，饿到坐下再也站不起来。

在山上的八个月，一百多人从来没有吃过一顿饱饭，有时甚至十多天都吃不上一碗稀粥。

很快，米饭就吃不上了。红军开始挖山薯、摸鱼虾、摘树果、掏鸟蛋、采蘑菇、掘竹笋。当这样的食物也不容易找到时，芭蕉心、百花菜、革命菜便成了他们基本的口粮。

营养严重缺乏。长期靠没油盐的野菜充饥，很多人全身水肿，还患上了痢疾、疟疾、夜盲症等。个个脸黄嘴尖，眼凹颧突，满身长虱，长发披肩，形似山中野人。

八个多月中，包括红军主力在内，有多少人是饿死的？没有确切的统计。在中瑞农场水坡5队22段的路边，当年有棵大榕树，就在这棵树下，有九位饥饿的红军坐下休息，再也无力站起来；在红军军械厂，五十多名技工全部饿死；红军医院的几十名伤病员也难逃同样的厄运。

没有地方住，今晚睡在石洞里，明晚又睡在密林之中。

冷得睡不了，只好烧热野芭蕉叶，一张铺在地上当席子睡，一张盖在身上当被子用。

身上衣服烂了，只好穿树叶、树皮。

头发长了，便躺在地上，将头发放在树根上用砍刀砍短。

台风来了，无处躲避，便在雨中抱在一起互相取暖……

这是一段怎样艰苦的岁月？母瑞哀伤，林海低吟，为这群了不起的生命泣血而歌，为这些响当当的铁骨悲怆而鸣。

火种不灭　母瑞山精神永驻

艰苦卓绝的八个多月，两百多个日日夜夜，因为同一个信仰、同一种追求，仅剩的二十多位革命者没有一个人逃跑，没有一个人叛变。

1933年4月初，当春天到来，杜鹃花、山稔花、金银花、木棉花、扶桑花和一些不知名的野花开得漫山遍野时，冯白驹带领这支二十五人的队伍，经过三天三夜的昼伏夜行，终于回到他的家乡琼山长泰村。

“母瑞山艰苦卓绝的斗争岁月，在琼崖孤岛坚持奋战二十三年红旗不倒的战斗历程中具有非常重要的意义。”海南省党史专家邢诒孔认为，在琼崖革命处于最艰辛、最危险的时刻，它保存了中共琼崖党政领导核心和骨干，使革命火种不灭、红旗不倒。

如此顽强的生命力、如此坚强的意志、如此坚定的信念，世所罕见，可歌可泣，成为激励琼崖共产党人和革命军民继续前进的巨大精神动力。

从此，琼崖革命有了新的转机。首要任务是加强党的领导，组建琼崖特委新的领导核心，召开特委临时会议，分析经验教训，研究部署新的武装斗争。

在琼文地区，特委秘密开展恢复工作，打击反革命嚣张气焰。在琼西南新区，成立琼崖西南临委，恢复琼西南革命工作。在东部地区，恢复了以六连岭根据地为中心的革命工作……至1937年7月，全琼十六个县已恢复和建立了七个县委、三个县工委和西南临委。

母瑞山保存的革命火种，在全岛又熊熊燃烧起来！

母瑞山革命根据地纪念园里有三株绿植。长势很好。园长王学广把它们看作纪念园的活教材，精心培育。摘下一片叶子咬一口，一股苦涩顿时溢满舌头。王学广一遍遍告诉来访者，这是革命菜，救了很多人，功劳很大。

王学广在母瑞山地区工作了五十多年，先是当教师，再当校长。退休后志愿到纪念园当义务讲解员，至今已十四个年头。“我对这里的一草一木都充满感情，因为母瑞山是一片红色热土，让我留恋，让我敬重。”他说。

每有参观者到来，王学广都热情讲解，声情并茂，绘声绘色，深深打动、感染了一批又一批参观者。有人流下热泪，有人使劲鼓掌……

“眼泪和掌声说明，母瑞山精神永不褪色、永放光芒。只要身体允许，我就要一直讲，把母瑞山火种传递下去。”王学广动情地说。

（本文发表于2015年4月19日，选自《海南日报》）

新四军二支队坚持敌后抗战

文 / 陈冬祥

1938 年 4 月初，由闽西子弟兵组成的新四军二支队的两千多名抗日将士，从龙岩东肖龙泉村出发经过一个多月的长途跋涉，终于来到了皖南歙县的岩寺，与新四军一支队会合。5 月，按照党中央、新四军军部关于深入江南开辟敌后抗日根据地的部署和指示，新四军二支队除四团一营留军部外，其余全部进入茅山，开始建立以茅山为中心的苏南抗日根据地。

苏南地区平原辽阔，水网密布，是我国著名的鱼米之乡。但是，苏南地区的老百姓的生活却异常艰难和贫困。他们时常受到日本鬼子的抢掠和地方刀会、帮会、土匪的滋扰。新四军二支队按照党中央、毛主席的指示，在陈毅、粟裕等新四军高级将领的领导下，研究制定了建立苏南抗日根据地的四大策略，建立了稳固的抗日根据地。

加强党的领导和建设

古田会议确定了把支部建在连上，实现党对军队绝对领导的原则。国共合作抗战时期，面对日、伪、顽及反动帮会、刀会、土匪四面盘踞，斗争形势异常复杂的局面，新四军二支队一方面加强部队的军事训练，另一方面加强党的组织建设，把原在闽西坚持三年游击战，对党忠诚、意志坚定、对敌斗争经验丰富的老红军和老党员下派到各个连队，充实基层党组织，做到无论是新四军二支队收编的刀会、土匪，或是投诚的伪军、保安队，还是在苏南吸收的新兵队伍里，都有党的政治指导员及党的优秀干部。他们在军事训练中率先垂范，在生活上关心、帮助战士，在工作、学习中吃苦耐劳，在军事斗争中冲锋在前，起到了很好的示范带头作用。部队做到了一切行动听指挥，使新四军二支队成为铁的新军。

与人民群众建立血肉联系

刚进入苏南地区的新四军二支队就加强宣传，从支队领导到普通战士都积极向群众宣传共产党、新四军的抗日主张。同时，加强部队的纪律建设，严格按照“三大纪律八项注意”的规定与群众相处。每到一个村子，当群众在外躲藏、房门紧闭时，战士们一方面寻找老百姓，向他们宣传新四军的纪律，动员他们回家。同时做到不拉夫、不派款、不扰民，不进群众家门，只在村口或老百姓屋檐下或田野中打地铺露宿。部队离开时，将群众的房院打扫干净。当部队无粮食、群众不卖粮时，宁愿挨饿也不动群众一粒粮食；群众愿意将粮食卖给部队时，则付钱。群众不肯收钱或怕收钱时，战士们就悄悄地把钱放在老百姓家的米缸上或是锅盖上，并留下纸条说明。当看到群众家里水缸无水时，战士们则主动帮助挑水，直到把群众家里的水缸装满才走。新四军二支队与群众建立了紧密的联系，他们走到哪里，当地群众就会主动与之接近，并演绎了一个个军爱民、民拥军的感人故事。

在信任和支持中发展壮大

针对国民党军队在群众中散布的不利言论和群众对新四军抗日的疑问，新四军二支队领导认为，只有不断地对日伪军作战，才能赢得人民群众的信任与支持，才能用缴获的武器弹药武装自己，发展壮大自己。

首先，在对日伪军游击战中，新四军二支队采取了游击战中熟练的夜战、近战和伏击战法，不断地对敌袭扰，并以不断的小胜，赢得最后的大胜。从 1938 年 10 月至 1939 年 10 月的一年间，仅卢胜、廖海涛领导的新四军二支队四团就与日伪军激战几十次，取得不少胜利。

其次，依托苏南农村民房、村舍作掩护，出其不意地袭击进犯的日军。如 1940 年 5 月 14 日，驻湖熟镇的日军南甫旅团岗本联队吉田中队一百多人带着一门九二式步兵炮，侵犯句容县（今句容市）的三岔。在观察了敌情后，二支队副司令廖海涛率领支队直属队及四团三营，在赤山脚下窦家边村设伏，并形成四面包围网，把进入村中伏击区的日军团团围住，用密集、四面交织的火力将日军压缩在几百平方米的范围内。仅用三个多小时，就全歼日军吉田中队，缴获步枪六十多支、机枪两挺、掷弹筒两具、九二式步兵炮一门。

再次，利用苏南地区的气候地理条件开展游击战。苏南平原地区每天下午三四点过后，天空就会弥漫着雾气。掌握了苏南地区的气候规律后，二支队采取上午部队休整并侦察敌情，下午开展对敌作战的策略，与日寇交战速战速决，利用雾气作

新四军苏南抗日斗争历史陈列馆门厅雕塑（图片来源：新华网）

掩护，战斗结束后迅速从陆上或水上撤离战场。

新四军二支队经过无数次的战斗，不仅增强了战斗力，用缴获的武器弹药装备了自己，而且极大地提高了苏南民众抗日必胜的信心，使老百姓深切地感受到，新四军才是真正的抗日队伍，才是真正的人民军队，从而赢得了广大人民群众的信任与支持。

建立抗日民主政权

新四军二支队最初进入苏南地区建立茅山抗日根据地时，就注重地方武装和政权建设，密切与地方党组织的沟通与联系，帮助扶持和培养党的地方干部，并派出政治素质高、对敌军事斗争经验丰富、组织能力强的干部到地方帮助建立地方政权和武装。还从缴获的战利品中，拿出一部分支持他们，逐渐形成从县、乡到村都有地方政权组织和武装的局面。1940 年 4 月，按照党中央“向南巩固、向东作战、向北发展”的指示精神，陈毅、粟裕率领新四军主力北渡长江，开辟江北抗日战场。新四军二支队则留守苏南，坚守、巩固和发展江南抗日根据地。新四军主力北移后，二支队加紧了地方政权和武装的创建；地方政权也通过组织妇女会、农会等组织为二支队抗日将士缝衣做鞋、筹粮筹款，组织广大青年踊跃参加新四军抗日武装，组织地方武装配合新四军二支队打击日寇，从而有力地支援了苏南抗日根据地建设。到 1940 年 11 月，新四军二支队由原来的两千多人猛增到四千六百多人。

通过党政军民的相互支援、共同配合，新四军二支队牢牢地守住了以茅山为中心的苏南抗日根据地，牵制日伪军达十多万人。

（本文发表于 2015 年 8 月 29 日，选自《闽西日报》）

创建抗日根据地 陷敌于人民战争的汪洋大海之中

文/晋城市老区建设促进会

晋城革命老区是太行、太岳抗日根据地的重要组成部分。抗战初期，毛泽东主席即电告八路军总部，要“于晋东南之太行、太岳两山脉中，创建游击根据地”。抗战期间，朱德、彭德怀、邓小平、徐向前、左权等老一辈革命家多次亲临域内指导工作。晋豫区党委、太岳区党委，行署、军区，太行八专署等领导机关和八路军部分旅团长期驻守在行、岳之间，转战于沁、丹两岸，支持和指导这方热土创建根据地，成为实现共产党全面抗战路线的坚强阵地。

全面抗战开始后，晋城境内各县相继建立了党组织，在血与火的考验中不断发展壮大，成为团结抗日的中流砥柱。各级党组织积极动员青壮年农民，壮大人民军队力量；坚决回击国民党顽固派掀起的“反共”高潮，粉碎阎锡山制造的“十二月事变”；认真执行党的统一战线政策，建立“三三制”的抗日民主政权；大力组建地方武装，全面开展对敌斗争；大规模发动群众性的游击战争，反击日军的疯狂“扫荡”，配合正规部队打击敌人；广泛开展大生产运动，保障根据地军民渡过难关，赢得抗日战争的全面胜利。创建抗日根据地的历史表明，党在敌后的艰苦条件下，广泛发动、组织和武装以农民为主力的各阶层群众，开展游击战，使日本侵略者陷于人民战争的汪洋大海之中，成为取得抗战胜利的重要力量。

不忘历史，开创未来。晋城革命老区为抗日战争的胜利和全国的解放做出了重大的牺牲和贡献。

当抗日烽火袭来之际，晋城各县人民在党组织和山西牺牲救国同盟会（简称“牺盟会”）的宣传发动下，纷纷报名自愿参军，出现了“父送子、妻送郎、兄弟相争上战场”的动人场面。十四年抗战，在当时总人口不足一百万的晋城就有上万名青壮年参加了八路军，为民族抗战作出了重大贡献。1937 年至 1940 年，八路军一一五师三四四旅在高平驻防期间，就有一千余名青年参军入伍。晋城、阳城、沁水等县的党组织多次成批地把工农青年和知识青年送到晋豫边游击队，使游击队到 1939 年底就达到三千余人，后来编入了八路军一二九师序列。中共晋城中心县工委书记赖若愚率领“南公八路”九百名战士，肩扛四百箱炮弹，赴辽县参加了八路军，被编入八路军总部特务团。共产党员、牺盟会特派员卫逢祺带领陵川县自卫队，先后一千余人分别开往河北、长治、晋城，参加了八路军。晋城史进班大队、阳城胡正六游击大队也都被编入了决死三纵队和五专署保安团（后归太行军区）等革命队伍。沁水人田海江 1939 年 4 月在高平原村参加抗日游击队后，又在家乡招募一个连的兵力参加了唐天际支队。阳城次营村青年上官选贤 1937 年就奔临汾寻找共产党，希望加入抗日队伍，未遇回乡后第二年又在晋豫边区住抗日军政干校，同年 3 月参加了八路军一二九师三八六旅补充团，转战晋东南各地。阳城青年田民 1938 年 5 月在本县参加八路军唐天际支队后经常在县城演讲，号召家乡人民踊跃参加抗日战争；1939 年随部队离开阳城时，还对母亲说“我走后可能回不来了，要让弟弟好好读书，长大参加八路军”，说罢又劝妻子改嫁；1940 年末，田民任太行四分区武委会主任，随军转战高平、平顺、济源等地，屡立战功；1943 年在试验地雷时，不幸牺牲于平顺县寺头村，年仅二十五岁。

唐支队诞生在这里（图片来源：晋城文明网）

1937 年秋，晋城县将 18 ～ 35 岁的青壮年编入人民武装自卫队。1938 年全县各区普遍建立起脱产或不脱产的自卫队，成立各村自卫队或游击小组。高平县于 1938 年在各区组建了民兵游击队，各村组建起民兵游击小组，还把妇救会训练班两百多人编为三个中队。阳城县在 1937 年秋把 18 ～ 25 岁的青壮年编入村民自卫队，还按村编制，设队长，战斗、生产两不误。陵川县在 1937 年冬组织了陵川县人民抗日武装自卫队，有一百二十余人；到 1938 年发展为五十四个大队，有

四千余人，步枪一千余支。沁水县也在1937年冬组织各区、村建立起不脱产的自卫队，到1938年仅十里、元上地区十四个行政编村的自卫队员就发展到近万人。

1941年，晋城内的抗日根据地建立和巩固以后，太岳军区武装部颁布了《人民武装抗日自卫队暂行条例》，规定十六岁以上、五十岁以下（妇女四十五岁以下）的男女公民，均须编入自卫队。自卫队的基本任务是：进行群众性的游击战争，配合抗日军队作战，维持地方治安，担任抗战后勤。二十五岁以下的男队员，依其志愿加入抗日青年先锋队，与自卫队合称民兵，是不脱产的人民武装。随着条例的颁布，域内各县各抗日行政村都积极主动建立、发展、壮大起民兵组织。到1945年，晋城全县有民兵五千六百名、自卫队成员一万两千名。高平县有民兵五千五百名。阳城县有野战民兵三千七百二十名、普通民兵三千三百八十名。陵川县发展民兵五千三百多名，步枪有一千多支，还建立了手榴弹厂及炮械修理所。沁水县组织起四个民兵连，经常轮流出征，配合主力部队攻打日军占据的城镇据点。

各县民兵一手拿锄、一手拿枪，在抗日、反奸、反霸中取得了很大成绩。据不完全统计，晋城县民兵参加大小战斗一千五百余次，缴获日军汽车七辆、各种枪支五百二十支、子弹三万发、服装一千三百余套，拔掉日伪据点十一个，摧毁日军碉堡四十余座，打死、打伤、俘虏日军和伪军一万余人，捉拿汉奸一百二十余人。高平县民兵经常运用游击战术，袭击驻十字岭和高平关的日伪军；还配合八路军部队在相公山等地痛歼日伪军，使驻在高平关的日伪军再也不敢到游击区“扫荡”。阳城县民兵参加大小战斗一千一百余次，摧毁日伪维持会十七个、伪区公所四个，捉拿汉奸九十余人，缴获日军飞机一架，轻、重机枪十二挺，步枪三百五十支，手枪七十四支，破坏日伪公路五十余公里，割电话线三万五千余公斤。陵川县民兵在日军侵占县城的两年内，普遍开展游击战和麻雀战，常用地雷以及大刀、手榴弹等十余种武器消灭和杀伤敌人。全县参战民兵约一万人次，缴获迫击炮一门、轻机枪六挺、步枪两百零四支、短枪二十二支，并生俘敌人五百多人。沁水县民兵配合大部队在反维持斗争中，坚决打击特务汉奸，在游击区开展反掠夺、反抢粮活动，使敌伪区逐渐缩小，最终在1944年3月获得了全县解放。之后把民兵组建成四个连队，分别配合正规部队到周边攻打日伪军。

1943年前后，晋北县四区所在的西四义村，四面都有敌伪据点，日伪军的车辆和军队往来频繁，隐蔽作战较为困难。但区干队队长王启首和他的队员们却来去自如，先后和敌人打过三十多次仗，而且每战必胜，使日、伪官兵闻风丧胆。一次，王启首带领三十多个民兵到北石店敌占区割电话线，他们先向炮楼上的伪军喊话，使敌人不敢出来阻拦，一夜间，就把北石店到泊村一带的电话线全部割掉。他的英雄事迹广为流传，太岳军区授予他“格子网里的战斗英雄”称号。

为了更好地打击敌人，家住晋南县龙窝村的李福棠、李乾海把全村四十多个青年组织起来，和驻守在周村等地的日军进行过数十次英勇战斗。1944 年春，大股日伪军到李寨一带“扫荡”，被他们率领的区大队打得焦头烂额，丢下七八具尸体，抬着十多个伤员狼狈逃窜。日伪军不甘心失败，11 月某日凌晨，又突然偷袭到村边。紧急情况下，李福棠、李乾海一边组织民兵抗击敌人进攻，一边掩护群众转移。战斗中，李福棠不幸中弹牺牲，李乾海也被流弹击中，饮恨倒下。抗日政府为纪念两位烈士，遂各取其名字中的一字，将他们出生的龙窝村更名为乾棠村。

出生于高平瓦窑头的袁五孩担任抗日游击队侦察员，数次单枪匹马执行任务，被亲切地称为“孤胆英雄”。一天夜里，下着大雨，道路泥泞，他仍然像往常一样跑到几十里外的地方去割敌人的电话线，侦察敌人动向。虽然一路上坑坑洼洼，翻山越岭成了泥人，但却有力地配合了游击队的出击任务。1945 年 6 月，日军撤离高平向长治溃退时，已是侦察班长的他带领战士勇猛追击敌人，迅速抢占山头，决心把逃窜的敌人全部歼灭。敌人狗急跳墙，疯狂轰炸山头，他不幸中弹，牺牲在解放高平的最后一战中，年仅二十四岁。

阳南县匠礼村民兵队长李银保，善于在夜间率队袭击敌人，屡立战功，被亲切地称为“夜明珠”。1943 年 1 月的一天深夜，他带兵潜入阳城县城活动，见西城门只有一个哨兵，便在流动哨过后，搭成人梯，爬上二十多米高的城墙，摸了岗哨，夺了枪支，贴了标语，打开西城门而去。1944 年 2 月，日军集中四百余人的兵力，意欲一举歼灭“夜明珠”及民兵。李银保率部机智应对，他们把日军引进雷区，并调来方圆十公里的联防民兵上万人前来助战，与敌激战五昼夜，毙敌十四人，获得大胜。太岳军区授予其“战斗英雄”称号。

1942 年，担任民兵游击班长的李土生，为解决武器弹药问题，办起了一个土兵工厂，制造了土式快枪、手榴弹、榆木炮等。又在阳城最早发明了土雷，相继制成了石雷、磁雷、铁雷等各式地雷，极大丰富了民兵组织的武器装备。1943 年 3 月，日伪军出击固隆，并扬言要活捉李土生时，得知消息的他带领民兵在村口、井口、门上、窗上、院内埋设了三层雷阵，并设有真、假、明、暗各种诱敌雷。当敌人进村后，三层雷遍地开花，炸得敌人晕头转向，最后只得仓皇逃走。

1942 年，十七岁的崔毓凤就成了村里开展抗日工作的得力骨干。为了武装民兵，他在一个深夜带着十五个民兵摸黑来到冯村，抢来反动地主、汉奸窝藏的二十支土枪和十二杆红缨枪。1943 年 1 月，沁水城里的日伪军到冯村抢粮时，他带着三十多个民兵隐蔽在石庵、树丛里设伏，打了敌人一个措手不及，夺回四头耕牛、

三十多只羊和两万斤粮食。同年 3 月的一个夜里，又是他带领民兵偷袭县城附近一个据点，活捉了岗哨，俘敌六人，缴获三支步枪和四百多发子弹。从此，崔家沟民兵威震全县。

1943 年 10 月，日军实施“山岳剿共实验区”计划，两万余敌人向太岳区扑来。在“扫荡”士敏县东西峪地区时，团里村青年抗日先锋队在队长马发芝带领下，发动群众空室清野，组织群众转移。同时在村里村外埋设地雷，摆下了地雷阵。当小股日军向村里扑来时，埋伏在香长岭的小分队向敌突然开火，打退了日军。当日军重新组织兵力进攻准备报复时，一进村就踩响了地雷，被炸死五人，炸伤两人。其余日军惊慌失措，被迫逃窜，一无所获。因战功卓著，士敏县武委会授予马发芝“杀敌英雄”称号。

（本文选自晋城新闻网，有删节）

丰碑巍巍耸六连

文/赵 优 李科洲 陈循静 黄良策

一场新雨后，蓝天明亮又深邃，云朵擦着连绵的六连岭而过。

山脚下，成片的菠萝田和西瓜地里果实丰硕，劳作的人们脸上带着笑。远处的六连岭烈士纪念碑以青山为背景，在阳光的照耀下，轮廓多少有些模糊……

可记忆却一下清晰了。顿然，八十多年前的一场摇撼琼崖大地的风暴，滚过我们眼前——

红旗，标着形形色色队伍的红旗，迎着风猎猎作响，云集在山岭；步履，带着坚定的信念与累累血泡的步履，蹒跚而又整齐，疲惫而又执着，奔赴在山间……

峥嵘岁月稠，青山埋忠骨。拂去历史的烽烟，六连岭依然巍巍耸立，苍翠挺拔，而被赤色浸润的血脉深处，仍回荡着铿锵的誓言，书写着无畏的信仰……

前赴后继 红色火种从未熄灭

每每抬头，望着莽莽苍苍的六连岭蜿蜒起伏，八十九岁的万宁市离休老干部黄富和，总会紧紧吸上一口气，直到感觉胸口发闷，才又叹出来："我的父母在革命中，竟没留下任何遗物。"随后他眯起眼睛，企图看清楚这连绵的青峰中，有无那浴血的身影，直至眼眶湿润。

思念伴着山风蔓延，扫过苍翠的松柏，吹向那段烽火岁月。

"打倒军阀！""打倒土豪劣绅！"1926 年，震天响的口号响遍琼崖大地，万宁县（今万宁市）也随之掀起农民运动高潮。受尽地主阶级和反动政府的压迫、剥削的进步青年黄振才积极投身共产党的活动，涌入革命浪潮。

动荡的年代，阻挡不了爱情。那年，凭着共同的追求，黄振才与十八岁的姑娘余德花结为连理。那年，黄富和呱呱坠地，成为革命爱情的结晶。1927 年 4 月 22 日，国民党琼崖当局发动反革命事变。23 日，万宁县党部委、县农会以"野外演习"

为名，夜里率领礼纪、万城、龙滚等农训所近两百名学员撤出县城，到六连岭下的军寮村驻营，以保存革命力量。从此“三军”会师，建立了六连岭革命根据地，实现革命重心从城市转向农村的战略大转移。当年5月，六连党支部在六连岭脚下的火烧龙村黄氏祠堂成立，黄振才成为六连党支部最早的五名党员之一。在黄富和的心中，父亲是多么的进步啊！可黄富和并不记得父亲的样子。

1928年，国民党广东当局派出重兵对琼崖革命根据地进行“围剿”。凶残的敌人绝不容许革命力量的存在，他们修炮楼、砍山林，穷尽各种办法，试图将六连岭上的红色火种彻底扑灭。因寡不敌众，给养供给困难，六连岭根据地的大部分同志分散到各地继续坚持斗争。六连岭仅留下一小队红军，与撤退至此的文昌县（今文昌市）红军战士共同驻守六连岭根据地。

根据组织的指示，黄振才辗转到了马来西亚。这位汉子撇下妻儿独下南洋时的情景，早已无从考据，因为余德花从不愿向黄富和兄妹俩提起。“父亲离开的时候，我才两岁。”黄富和垂下眼睛，声音低缓，“后来，父亲再也没回来。”

黄振才的战友们没有忘记共同的誓言，用一条条鲜活的生命、一次次慷慨的赴义，践行心中的信仰。

时至今日，六连岭脚下村庄还传颂着“六连精神”。红军白天与敌人激战，晚上绕过敌人的炮楼到山下找粮食。筹粮的同志牺牲了，山上的战士却没有一个人动摇投敌，大家怀着一个共同的信念：宁做敌人刀下鬼，不做叛徒跪着生。“至1929年夏，坚持在六连岭的红军战士只剩下二十七人。”海南省党史学会会员、万宁市作家协会会员蔡德佳心痛地说。后来，这仅存的二十七位同志，整编为红军一排，继续战斗在革命前线。

红色操场、军事学校、列宁学校逐渐扎根在六连岭，这深山之处的星星之火，燎起了万宁县第二次土地革命高潮，直至扛起抗日战争大旗，配合海南岛解放。

军民情深 “红军妈”那烧不毁的草寮

六连岭深处，一个天然石洞凉爽平整，渗出涓涓清流。“这就是以前的红军医院，红军们都是用芭蕉叶包扎，用草药敷伤口。”黄富和踏着脚边杂乱的草木，像是回到了小时候和村民一起为革命队伍送情报、送粮食的光景。

国民党反动派在根据地周围修建密密麻麻的碉堡，驻扎匪兵，切断人民与红军的联系，断绝给养。他们的阴谋是，即使红军不全军覆灭，也得活活地饿死在山上。在深山密林里，红军白天跟敌人周旋，生活在枪林弹雨之中，晚上还要越高山穿林莽，绕过敌人的炮楼，潜到山下去找地下党同志寻求接济粮。没有衣服穿，战士们就找来麻袋做成衣服；没有粮食吃，就上山挖野菜、找木薯，下河摸鱼虾、抓螃蟹。

可多年革命造就的军民血肉深情岂会割舍得断？

“我们乘哨兵打瞌睡的机会，悄悄地将粮食、油盐等送到秘密联络点，第二天再由出去干活的群众把食物送上六连岭，送给红军。”黄富和说，当地群众还冒着生命危险，化装成商贩，到和乐镇、中原镇等地为红军购买粮食、药品。

至今，“红军妈”的故事仍在当地口口相传。

上城村的王树俊参加红军后，他的妻子许运源把自己的家作为红军联络站，替来来往往的革命同志做饭、洗衣服、带路、放哨、送情报并照顾伤病员。后来，由于叛徒告密，他们家的房子被敌人烧毁。许运源又在六连岭脚下盖起一间茅草房，专门秘密接洽革命同志。然而不久，又被敌人发现还纵火烧了茅草房。但敌人烧多少次，许运源就盖多少次，烧了又盖，再烧再盖……“树俊寮”成了红军联络站的代名词，始终竖立在六连岭上。更令人动容的是，在艰难的岁月中，许运源还收养了许多红军烈士的遗孤，同志们都亲切地称她为六连岭上的“红军妈”。

“可以说，人民群众是革命的真正靠山。没有群众的保护和支持，六连岭上的红旗也难以高耸。”中共万宁市委党史研究室主任陈星界说。

肝脑涂地，热血冲天，与老百姓鱼水情深的红军，有着一腔搏动着的忠诚！

朱德题诗　感怀不倒的红旗

二十三年间，在方圆数十里的六连岭地区，历经土地革命、抗日战争、解放战争，在敌人面前始终高擎红旗，这种精神何其难得？“如果总结一句话，这就是‘六连精神’，不怕苦、不怕死、不怕敌人，是六连岭的群山赋予了革命同志坚强的意志，他们用自己的血与肉树立了革命的丰碑。”陈星界动情地说。

在日军“蚕食”期间，敌人所到之处，实行“三光”政策。“抬头见岗哨，低头见尸首，户户有啼哭，没人不挂孝”，日军的轮番“扫荡”，使许多个村庄成为满目疮痍的“无人村”。在侵略者的铁蹄下，黄富和差点成了孤儿。

1942 年，余德花在为抗日民主政府送粮食的途中，被日军抓获，关进大牢。敌人的严刑拷打并没有使这位母亲屈服，同在牢里的共产党员在设法“越狱”的时候，将余德花带了出来。“母亲被日军打到不能走路，她是爬回来的！”当年的凄惨一幕始终在黄富和的记忆里挥之不去：母亲羸弱的身躯沾满泥土，褴褛的衣衫还沾着斑斑血迹……黄富和抹了把眼睛，喉结动了动，挤出的只有哽咽。许久，黄富和道出了自己年少时期母亲时常念叨的一句话：“革命一定要成功。”这是何等的坚

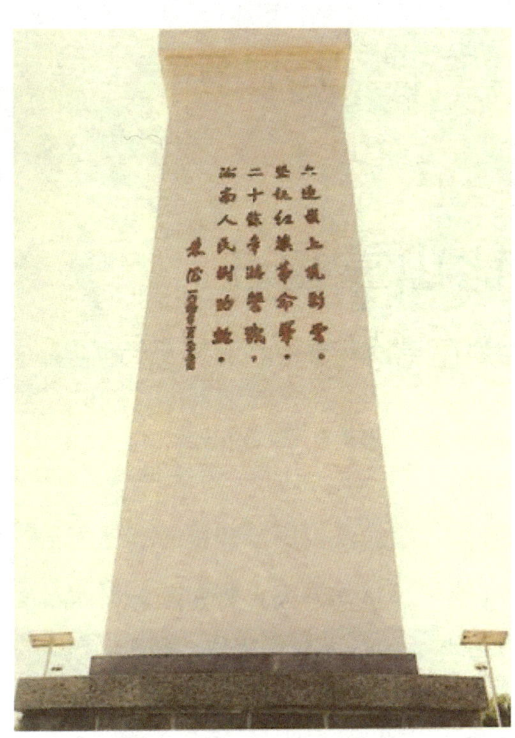

六连岭烈士纪念碑上的朱德题词（图片来源：《海南日报》）

定！青山仍存，言犹在耳，六连岭的仁人志士，用炽热的生命为这句话作了鲜红的注解。

面朝着青山，六连岭烈士纪念碑上的浮雕是朱德所题的《六连岭》诗句。那是1957年1月，党和国家领导人朱德在海南视察工作时，被六连岭根据地军民艰苦卓绝的斗争深深打动，即兴赋诗：“六连岭上现彩云，竖起红旗革命军。二十余年游击战，海南人民树功勋。”

这是历史的丰碑，也是民族的脊梁。

“烈士们安息吧！”黄富和久久伫立，苍老的手掌抚着烈士纪念碑，在烈士纪念碑前，轻声道，“我们已经翻身了，如今已是新天地……”血火交迸的六连岭岁月已逝，温煦的山风裹着他的诉说，飞向远方的天际。

（本文发表于2015年4月17日，选自《海南日报》，有删节）

依靠人民　比山靠得住

——回忆父亲聂荣臻在晋察冀抗日根据地

文 / 聂　力

聂力，聂荣臻元帅之女。1930 年生于上海。1950 年加入中国共产党，1960 年参军。大学文化程度，曾留学苏联，高级工程师。1985 年任国防科工委科技委副主任，中将军衔。曾任第六、第七、第八、第九届全国人大代表，第八、第九届全国人大常委会委员，第六、第七届全国妇联副主席，第一、第二、第三、第四届中国发明协会副会长等职。

“集师上寨运良筹，敢举烽烟解国忧。潇潇夜雨洗兵马，殷殷热血固金瓯。东渡黄河第一战，威扫敌倭青史流。常抚皓首忆旧事，夜眺燕山几春秋！”这首《忆平型关大捷》，是父亲聂荣臻在八十六岁时所作，道出了抗日战争的惨烈，人民军队的坚强。

抗战中，父亲率领八路军五师一部开辟了全国第一个敌后抗日根据地——晋察冀边区，成为统一战线的模范、敌后抗战的堡垒。

誓与华北人民共存亡

1937 年 9 月 24 日，也就是平型关战役打响的前一天，毛泽东在发给八路军总部的电报中说：“山西地方党目前应以全力布置恒山、五台、管涔三大山脉之游击战争，而重点在五台山脉。”

10 月 20 日，毛泽东又发来电报，指出：敌（有可能）占太原，战局将起极大极快之变化，一一五师等部和八路军总部有被敌隔断的危险。因此，拟作以下部署：留一一五师独立团在恒山、五台山地区坚持游击战争，一一五师主力转移到汾河以西吕梁山脉，总部应该转移至孝义、灵石地区。

1937年10月，聂荣臻在晋北平型关观察地形并指挥作战（图片来源：《陕西日报》）

根据这一精神，中央决定，父亲留守五台山地区，创建晋察冀抗日根据地。随他留下的部队除了独立团，还有骑兵营、八路军总部特务团一部，加上其他一些小单位，总共三千余人。

对父亲来说，这是一次重要的转折。在这以前，他一直跟随在中央和毛泽东主席身边，带的是主力部队，打的是主攻。可现在，他要孤悬敌后，独当一面了。受命的当晚，他久久无法入睡。他本来已经不吸烟了，这时却把烟斗翻了出来，一个劲地抽。

10月26日，娘子关失守，日军直扑太原，局势瞬息万变。五师主力紧急向南开拔，父亲与罗荣桓等老战友话别后，默默地望着自己的老部队渐渐消失在山边尽头。

太原城陷落了，国民党正规军撤走了，日军占领了他们想占领的地方。而父亲的队伍留下来了，他的手下只有三千人，而周围全是正在势头上的日军。他们能否生存下来？能否有大发展？很多人心里是没底的，父亲与一一五师主力分手后，他在五台山上写下了两句话："为保卫祖国而奋斗到底，誓与华北人民共存亡！"

五台山点燃抗日烽火

1937年11月7日，晋察冀军区在五台县石嘴的普济寺宣告成立，父亲任司令员兼政委。当时日军正集中兵力长驱直入，后方相当空虚，加上五台县等地不是交通要道，所以日军一直没来。父亲抓住这个有利时机，大刀阔斧地开创根据地。

五台县是晋察冀根据地最早的立足点，军区成立后，部队没地方住，只好住在五台山的寺庙里。五台山是我国佛教圣地，有三百多座庙宇。这些庙宇分青庙和黄庙两种，和尚庙叫作青庙，喇嘛庙叫作黄庙。当时山上共有汉、蒙古、藏、满各族僧人一千七百多人。父亲回忆说："对于这些和尚、喇嘛，我们很尊重他们，同他们相处得也很融洽。"

父亲亲赴寺庙宣传中国共产党的宗教政策和抗日救国纲领，加上八路军进驻寺庙后，非常爱护文物古迹，态度十分友好，众僧看在眼里，深受感动。僧侣也是中

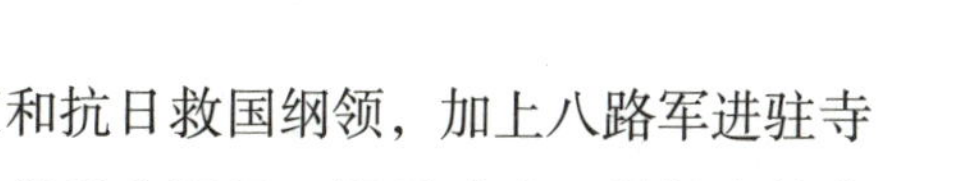

国人，也痛恨日军，大法师然秀代表五台山僧众表示：“出家人慈悲为怀。吾等出家不出国，保不住国家，佛教、寺庙何存！抗日救亡，僧众有责！”

在父亲等人的感召下，五台山寺庙成立了由青年僧人组成的抗日自卫队。他们利用自己的特殊身份和特定的环境，以各种形式参加抗日斗争，许多人直接扛枪上阵。当时，仅菩萨顶的和尚就消灭日军三十多人，当地群众称赞五台山的和尚为“革命和尚”。后来，晋察冀军区还专门把这些和尚组织起来，建立了一支连队，人称“和尚连”。

第一次反“扫荡”胜利

抗日烽火在五台山点起来了，但父亲总觉得把军区指挥机关设在五台，位置并不适中，应该往东靠一靠。他决定到河北阜平去，那里靠近平汉铁路，铁路两侧人口稠密，利于发动群众，扩大武装，也有利于今后向富裕的冀中、冀东地区发展。

1937 年 11 月 18 日，父亲率领军区领导机关抵达阜平，从此那里就成了晋察冀根据地的中心。父亲到达阜平才六天，日军就集中两万人马，沿平绥、平汉、正太、同蒲四条铁路干线，分八路围攻晋察冀军区。

父亲灵活调度，战斗力强的老部队机动使用；新组建的游击队利用熟悉本乡本土的优势，积极与敌周旋，破坏交通。一个月间，晋察冀军民毙伤日伪军一千多人。敌人除了占领几座空城外，一无所获，最后只得于 12 月下旬全线撤退。这算是晋察冀第一次真正意义上的反“扫荡”，这次胜利宣告了八路军在晋察冀山区站住了脚跟。

抗战时期的聂荣臻（图片来源：中国网）

晋察冀的抗战烽火逐渐向四周蔓延，连平津这样的大城市也感受到了。著名民主人士李公朴曾写道：“‘英勇的指挥者聂荣臻将军’签署的‘核桃大小字的布告’，居然贴到‘恶魔和无耻的走狗所盘踞的北平城内外’，使‘敌伪汉奸倒抽一口冷气’。日本同盟社也发出电讯，惊呼：‘五台山岳地带为共产军在山西蠢动之策源地，更为向山西、绥远、平津诸地方实行赤化工作之根源。’”

人民与子弟兵鱼水情

有了巩固的晋察冀根据地，父亲并不满足。不久，在父亲的运筹下，部队又相继开辟了冀东、平西、平北根据地，使华北抗战形势为之一变。

在根据地发展过程中，父亲特别注意发动群众，广泛建立抗日民族统一战线，不断壮大自己的力量。父亲曾回忆："那个时候，毛泽东同志已经想到了更长远的目标，打败日本帝国主义以后，我们还要建立新民主主义的新中国。只有争取了群众，扩大了武装力量，才能取得抗日战争的胜利，并为革命的深入发展奠定坚实的基础。"

当初"五台分家"，留给父亲的是三千人马，他做梦都想着自己能够"撒豆成兵"，把三千人变成三万人、三十万人。后来形势的发展出乎很多人的预料，晋察冀根据地的各项建设突飞猛进，武装力量的建设更是形势喜人。很快经八路军总部批准，根据地成立了四个军分区，每个军分区下辖三个团，另外还有数量众多的游击支队。对父亲来说，他这个司令员的腰杆子越来越粗了。

在晋察冀边区，有不少带有地域色彩的部队名称，父亲曾给边区部队起过这样一个名字，叫作"子弟兵"。把部队担负的任务和群众的切身利益紧密结合在一起，更能体现军民的鱼水深情。战士们保卫家乡，就是保卫边区，就是保卫祖国。

李公朴到晋察冀考察后，曾撰写了《华北敌后——晋察冀》一书，称颂道："子弟兵是老百姓的儿子，坚决打鬼子的抗日部队的兄弟，是在晋察冀生了根儿的抗日军。"后来，"人民子弟兵"这五个金光闪闪的大字，成为中国人民解放军的代名词，响遍了中华大地，一直沿用至今。

像磁石吸引八方英才

晋察冀像一块磁石，吸引着四面八方的人来这里战斗。父亲特别爱才，尤其对知识分子，倍加爱惜。

父亲平时话不多，但他很爱参加文体活动。晋察冀军区成立仅仅一个月后的1937年12月，在父亲的关怀和重视下，创立了《抗敌报》，同时还成立了"抗敌剧社"。父亲曾为《抗敌报》题词——"民族的号筒"。

1940年11月，《抗敌报》改名为《晋察冀日报》。这份报纸对根据地的建设，起到了很大作用。父亲后来说："大批革命的新闻工作者在异常艰苦的环境中进行了大量的工作，在反'扫荡'期间，经常是一面打游击，一面工作。"到了1948年，《晋察冀日报》与晋冀鲁豫边区的报纸合并，成为中共中央机关报《人民日报》。

《毛泽东选集》也是最早在晋察冀边区出版的。时间是 1944 年 7 月，由《晋察冀日报》社出版，五卷本，共五十多万字。

无论战事多么紧张，父亲对文化宣传工作自始至终没有忽视。他说过："我们的人民需要吃饭，这是首先要解决的；枪炮要弹药去喂养，这是第二要解决的大事；现在要进一步改造人的脑子，要用大量的文化食粮去喂养它。"

抗战期间，晋察冀边区的宣传文化工作是有口皆碑的，培养了大批文化和文艺人才。中华人民共和国成立后，仅以晋察冀为背景的著名电影故事片就有《白求恩》《柯棣华大夫》《将军与孤女》《狼牙山五壮士》《小兵张嘎》《野火春风斗古城》《敌后武工队》等数十部。

（本文发表于 2015 年 9 月 2 日，选自《陕西日报》）

红军在长征中建立的唯一一块根据地

文/郜耿豪　孙　杰　曾　涛

红军长征是在国民党军重兵“围剿”下被迫进行的战略转移。红军在长征途中尝试过建立根据地，但大都因敌人力量的强大、国际形势的变化和我军战略目标的转变而先后放弃。长征途中建立的唯一一块根据地，是红二十五军建立的鄂豫陕根据地。

创建鄂豫陕根据地的主要领导人徐海东（图片来源：新华网）

一路战斗　一路选址

1934 年冬，国民党军四十多个团对鄂豫皖苏区进行“围剿”。11 月 16 日，中共鄂豫皖省委根据中共中央指示，率红二十五军两千九百余人由河南省罗山县何家冲出发，离开鄂豫皖苏区，开始长征，并一路寻找合适的地区建立新的革命根据地。

红二十五军进入鄂豫边的桐柏山区后，曾计划在这里建立根据地，但这里接近平汉铁路，容易遭到敌人的重兵围攻。11 月底，红二十五军进入伏牛山区。这里反动统治较严密，地主围寨多，建立根据地也比较困难。于是，他们决定改向陕南进军。

12 月上旬，红二十五军经河南省卢氏县境进入陕西省雒南县（今洛南县）庾家河（今属丹凤县）地区。这里是陕军杨虎城部队的势力范围。当时，杨虎城一方面忙于进攻陕甘苏区，一方面又分兵南拒川陕边的红四方面军，西面还要戒备蒋介石的中央军，一时无暇顾及陕东南。红二十五军利用这个有利时机，决定在这里创建根据地。

创建根据地　开展反“围剿”斗争

1934 年 12 月 10 日，中共鄂豫皖省委在雒南县庾家河召开常委会议，决定在鄂豫陕边界创建苏区，并将中共鄂豫皖省委改为鄂豫陕省委。红二十五军在运动中各个击破敌人，至 1935 年 5 月，先后取得蔡玉窑、文公岭、石塔寺、九间房等战斗胜利，并攻占五座县城，取得了第一次反“围剿”胜利。

与此同时，他们在鄂豫陕边界的郧西、卢氏、雒南、镇安等地区，广泛发动和武装群众，分配土地，建立政权，先后建立了拥有两个县、十三个区、四十多个乡、三百多个村的苏维埃政权和鄂陕边苏维埃政府。此时，红军发展到三千七百余人，地方武装游击师和抗捐军发展到两千余人，鄂豫陕苏区初步形成，人口近五十万。中共鄂陕特委和豫陕特委先后建立。

1935 年 5 月中旬，国民党军三十多个团向红二十五军发动第二次“围剿”。鄂豫陕省委决定，以游击队就地坚持斗争，以主力红军北上寻歼国民党军一部，尔后采取诱敌深入的方针，争取歼敌一部，以打破敌人的“围剿”。6 月初至 7 月初，红二十五军先后取得商县夜村、富水关、淅川县荆紫关、山阳县袁家沟口等战斗的胜利，7 月 13 日北出终南山，消灭了西安以南部分地区的民团。国民党军第二次“围剿”被迫停止。

再次长征

此时，红二十五军得悉中央红军和红四方面军在川西会师，并有可能北上。为配合中央红军和红四方面军北上，中共鄂豫陕省委决定率红二十五军主动离开鄂豫陕苏区西征，准备与主力红军会师。1935 年 7 月 16 日，红二十五军从陕西省长安县（今西安市长安区）沣峪口出发，继续长征，后转向陕甘苏区。

红二十五军主力西征北上后，留在根据地的红军继续坚持斗争。他们依靠人民群众，继续坚持游击战争，连续粉碎国民党军三次进攻，巩固了根据地，扩大了红军。

鄂豫陕苏区的建立，牵制了陕西国民党军的一部分兵力，在战略上配合了陕甘苏区红军的反“围剿”斗争和其他地区红军的长征，为红军长征的胜利做出了重要贡献。

（本文发表于 2016 年 9 月 13 日，选自新华网）

水东抗日根据地的抗战烽火

文 / 汪少冲

抗日战争全面爆发后，由于黄河改道南下，杞县的战略地位骤然提升。作为中共水东抗日根据地中心区的杞县，是连接鄂豫皖、豫皖苏、晋鲁豫三大革命根据地的纽带和桥梁，是华中与华北互通的咽喉地带，是革命武装与日、伪、顽对垒的前沿阵地。共产党领导的抗日武装在这里鏖战，作战两百余次，击毙、打伤、俘虏日军和伪军八千八百余人，重创了日本侵略者，捍卫了中华民族的尊严。

豫东抗日第一枪：花胡寨战斗

1938 年 5 月底至 6 月初，豫东大片国土沦陷，国民党数十万大军纷纷撤退，中共豫东特委书记吴芝圃领导睢县、杞县、太康等县党组织和各界爱国志士，迅速组建了抗日游击队。6 月 10 日，在杞南大郑庄整编后建立了睢杞抗日游击大队，吴芝圃任党代表、王海山任大队长，谭志正任一中队队长、王静敏任指导员，王广文任二中队队长、张辑五任指导员。

1938 年 6 月中旬，睢杞抗日游击大队在杞南邢口一带活动。一农民向游击队报告驻杞县日军土肥原部一个小队到杞南花胡寨村（今属苏木乡）抢粮，吴芝圃召集干部商量。有人提出，游击大队刚刚组建，大部分是青年学生、农民，没有受过军事训练，第一仗就打日军，恐怕失利；大部分同志则主张打，认为

水东抗日根据地指挥部旧址（图片来源：《商丘日报》）

这是提高游击队战斗力的好机会。吴芝圃坚定地说：“我们的名字就是抗日游击队，受苦受难的同胞都眼巴巴地看着我们，这一仗要是不打，群众会对我们丧失信心，会觉得我们和那些杂牌队一样，只骚扰民众，不敢打日军。这是我们游击队组建后的第一仗，不仅要打，而且一定要打好！”随后进行了具体分工。

部队紧急集合，稍作动员就立即出发。游击队员听说打日军，个个摩拳擦掌，斗志昂扬。花胡寨在邢口西北四五公里的地方。游击队员在高粱棵的掩护下，很快包围了花胡寨。战斗由王海山指挥，谭志正率一中队从东面进攻，张辑五率二中队包围了南面和西面。

日军的抢粮马车停在花胡寨大街上，一个看守的日本士兵向外瞭望，谭志正便向他射击。那个日本士兵被打得晕头转向，惊慌失措。随着第一声枪响，从未打过仗的游击队员就噼里啪啦地跟着打起来了。抢粮的日军仓促组织还击。一时间，花胡寨内外，硝烟弥漫，日军被打得人仰马翻，乱作一团。日军抵挡一阵后，就丢盔弃甲，狼狈逃回县城。

游击队员冲进村内，站在日军丢下的马车上，欢呼胜利。此次战斗，打伤日军三人，缴获日军钢珠马车两辆、骡子六匹、钢盔十个、饭盒十个，夺回日军抢老百姓的麦子一千多公斤、猪两头、鸡十只。游击队员怀着初战告捷的喜悦心情，带着战利品安全转移到傅集一带。

杞县县委党史研究室主任常峰告诉笔者，花胡寨战斗规模虽小，但它是豫东沦陷后，共产党组建的豫东抗日武装第一次对侵略者作战。首战胜利，点燃了豫东的抗日烽火，提高了共产党领导的抗日游击队的威望。此战打击了日军的嚣张气焰，震慑了地方土匪、“绿林”武装。此前，他们常对共产党领导的抗日游击队寻事端、闹摩擦，企图缴械收编。经过此战，他们对共产党的游击队刮目相看，还会担心共产党去消灭、收编他们。一些地方武装，主动向抗日游击队靠拢，要求联合抗日。战斗结束后，很多群众捐钱、捐物慰问抗日游击队。一些青年纷纷要求参军，出现了“父亲送儿子、妻子送丈夫”参加游击队的动人场面。群众说，“抗日游击队是咱们自己的队伍。”仅杨屯、马楼、新庄、河沿、石寨、王庄、梅湾、侯屯、白屯等十多个村庄，就有一百多名青年参军参战，游击队很快发展到五百多人。

成立杞县抗日游击队

1938年6月初，杞县沦陷后，日本侵略军大肆烧杀、奸淫、抢掠，无恶不作。广大人民群众陷入水深火热之中。日军烧杀抢掠的罪行，使广大群众尝到了亡国奴的滋味，打破了一些人对侵略者和国民党的幻想。一些有志之士在“国家兴亡，匹

夫有责”的光荣传统熏陶下，在中共抗日民族统一战线政策的感召下，纷纷组织起抗日游击队，伺机打击侵略者，为死难同胞报仇雪恨。同时，一些土匪、地主武装也乘机改换门庭，打起各种抗日旗号，自封“队长”“团长”“司令”。一时出现了“三里一团长”“五里一司令”的混乱局面，起不到真正武装群众抗击日本侵略者的作用。

中共杞县中心县委根据《中共河南省委保卫河南宣言》提出的“在保卫家乡，保卫河南，保卫中国的口号下……自发地武装起来，目前应立即组成两百万人的抗日联庄队或抗日自卫队”的任务，在中共豫东特委书记吴芝圃的具体领导下，在杞县私立大同中学和群众基础好的农村，筹建抗日武装。吴芝圃在对豫东地区杞县、睢县、通许县、太康县等地深入调查，分析抗日形势之后，立即召开了杞县、睢县中心县委负责同志会议。研究部署组建抗日武装，开展游击战争。

会后，中共杞县中心县委和中共睢县中心县委领导广大党员和各界爱国人士积极收集枪支，筹建抗日武装，准备开展游击战争。中共杞县中心县委将私立大同中学一部分师生组织起来，组建了由四十多人参加的抗日游击武装，在中心县委书记王静敏、组织部部长杜省吾率领下，撤出县城，到傅集、湖岗一带活动。中心县委军事部部长谭志正奉命将石寨农民抗日救国会组织起来，成立抗日武装。他们到傅集镇后，得到河南省著名爱国人士孟墅垣和孟海若的大力支持，在杞县西南部又与谢青梓、杨宏猷等人组织的抗日武装和何寨村一带的联庄会武装会合，后与王静敏联系，先后到吴芝圃的老家赵村会合。杞县城南新庄一带刘继禹等组织的抗日武装也南下到了赵村，加入了吴芝圃领导的抗日武装。至此，共产党领导的抗日武装已有近百人、六七十条步枪和四挺轻机枪。经吴芝圃和杞县中心县委负责同志研究，在吴芝圃家宣布：杞县抗日游击队成立，王静敏、谭志正具体负责军事指挥；何复业等负责筹划粮秣等后勤工作；韩晓亭、王亦言等到各地联络抗日武装，做统战工作；刘耕初协同徐宝山、王珍民在傅集镇组织后方医院，并以此为联络通信机关；杜省吾负责组织宣传工作。

申纪会议

申纪会议是在睢杞太抗日根据地十分艰难的时刻召开的一次具有重要意义的会议。它重新树立了大家坚持豫东抗战的信心，为这块根据地后来的发展指明了方向。在这次会议上正式启用了“水东”这个名称。因此，这次会议也常常被称作是睢杞太革命史上的“遵义会议”。会议旧址位于杞县东南部申纪村（今属傅集镇）。

1941 年 1 月 6 日皖南事变后，日、伪、顽军向睢杞太抗日根据地频繁进攻，地方抗日武装连遭重创。睢杞太特委书记韩达生于2月23日在睢县大楼徐战斗中被俘，根据地缩小，与上级联系中断，斗争形势十分危急。党内、军内一些干部对坚持睢杞太地区抗战的信心不足，决心动摇。为了提高认识、统一思想，地委组织部部长张剑石、宣传部部长马一鸣等，于1941年3月初在杞县东南部申纪村召开紧急地委扩大会议。根据地各县委负责人和军队连级以上干部马玉堂、王广文、孙其昌、徐济生、杨宏猷、李建光、孟繁馨、薛丕度等二十多人参加会议。大家共同分析了抗战形势，指出了存在的困难与问题，分析了坚持斗争的有利条件。大家认识到：武装力量虽然受到严重损失，但还有一个主力连和县大队，加之淮阳五区的抗日武装，比抗战初期的几十条枪强多了。根据地虽然缩小了，但睢杞太地区坚持抗战有良好的群众基础，广大人民群众的支持和拥护是战胜困难和危机、坚持斗争的根本保证。有错误认识的同志转变了思想，树立了坚持斗争的信心和决心。大家也认为，睢杞太地区地处中原，是冀鲁豫、豫皖苏、鄂豫皖抗日根据地连接的枢纽，战略地位十分重要，没有上级党委的撤退指示，就应该坚持斗争。会议统一认识后制定了“独立自主，自力更生，组织力量，坚持根据地抗战”的基本方针。会议还决定重建地委和独立团，统一指挥，打退敌人的进攻。由于根据地的发展，军队活动范围扩大到淮阳、西华、扶沟、通许、宁陵、柘城等新黄河以东的广大地区，已远远超出了睢杞太三县的范围。加之这次重建的独立团里淮阳武装占相当部分，于是决定不再沿用“睢杞太”这个名字，改为“水东地区”。睢杞太抗日根据地正式改为水东抗日根据地，中共睢杞太地委改名为中共水东地委，重建后的独立团称为新四军水东独立团。因和豫皖苏区党委、新四军四师失去联系，与会人员经过民主讨论，公推马一鸣全面负责地委工作兼独立团政委、张剑石仍任组织部部长，公推马玉堂任水东独立团团长、王广文任副团长。全团六百余人，下辖两个营。杞县大队和马玉堂、王广文率领的原二连、四连合编为二营，王广文兼二营营长；淮阳柳林区（五区）区队编为三营，孙其昌为营长、孟繁馨为副营长、徐济生为教导员。申纪会议统一了思想，稳定了军心、民心，对水东地区克服困难、坚持斗争起到了很大的作用。

1941年5月，中共豫皖苏区委员会根据形势发展的需要，决定撤销睢杞太地委，建立党政军委员会。王其梅同薛朴若等人奉命返回水东地区，在杞县西南苗寨村召开水东地委、独立团和各县委负责人会议。传达上级指示，进行纠正单纯军事观点和反对流寇主义的教育，使广大干部对坚持水东抗战有了明确的认识。同时，调整领导机构，宣布建立水东党政军委员会。王其梅任书记兼水东独立团政委、马玉堂任团长、王广文任副团长，马一鸣兼任水东独立团政治处主任、薛朴若任副主任。

水东烈士陵园

水东烈士陵园位于杞县城关镇西关大街护城堤内侧路南，东侧为城关镇一中，西侧护城堤外为杞县高中，北临西关大街，交通十分便利。水东烈士陵园占地面积46667平方米，修建于1987年，管理单位为水东烈士陵园管理处，隶属于杞县民政局。该陵园内植有数十棵苍松、翠柏和各种花卉，南部建有烈士墓，中央建有高19.38米的水东革命烈士纪念碑，两侧建有烈士碑亭四座，是杞县较为完整的一处爱国主义教育和精神文明建设的场所。

水东革命烈士纪念碑（图片来源:《商丘日报》）

中共杞县县委、杞县人民政府根据党史工作者提供的1946年1月7日冀鲁豫军区《战友报》题为《国民党在豫东的兽行》的报道:“掘毁水东烈士陵园。国民党第五十五军第二十九师把陵园建筑物拆毁，把烈士遗骨挖出来暴尸。”依据历史史实，并应广大干群的强烈要求，为深入开展革命传统教育，1987年5月报请河南省人民政府批准，在杞县县城西关护城堤内侧重建水东烈士陵园。当年9月，第一期工程竣工，并举行了纪念抗日战争胜利42周年暨中共水东地委书记唐克威烈士迁葬仪式大会。水东烈士陵园四周环以红色砖墙，彩釉陶瓦覆顶，大门向北为五间仿古式建筑，大厅正上方悬“水东烈士陵园”金色牌匾，为中国人民解放军上将唐天际手书。陵园正中央是19.38米高的水东革命烈士纪念碑。中央大道东侧南面建有中共水东地委书记唐克威烈士纪念碑亭，北面为中共睢杞太特委书记韩达生烈士纪念碑亭。中央大道西侧南面为中国人民志愿军一级战斗英雄、特等功臣倪祥明烈士纪念碑亭，北面为杞县板木乡烈士纪念碑亭。四座纪念碑亭均为八角形，金黄色琉璃瓦覆顶，斗拱红柱支撑，基高1米，亭高3.8米，亭内纪念碑高1.8米。

1992年6月，水东烈士陵园被杞县人民政府批准为县级文物保护单位。

（本文选自开封网）

庚家河镇

——鄂豫陕革命根据地从这里发轫

文/张红中　张　松

1934年12月9日，红二十五军进入陕西省洛南县庚家河镇（今丹凤县庚岭镇）。12月10日，在杨家药铺召开中共鄂豫皖省委第十八次常委会，决定创建鄂豫陕革命根据地，改中共鄂豫皖省委为中共鄂豫陕省委。同日发生了事关红二十五军生死存亡的庚家河战斗。此后红二十五军以丹凤为中心区域，历时两年零四个月，掀起了创建鄂豫陕革命根据地的伟大斗争，先后建立了1个边区、两个县苏维埃政府，以及十三个区、四十六个乡、三百一十四个村的基层苏维埃政权。

血染庚家河　红二十五军生死存亡的最后决战

丹凤县庚岭镇是红二十五军和敌军激战，并以此为中心区域创建革命根据地的重要地方。丹凤县委史志办主任刘建军告诉笔者，1934年12月10日上午，国民党第六十师先头部队第三六〇团经大石河进陕，从鸡头关推进到洛南县庚家河镇街东的七里荫。由于红二十五军布于庚家河东山坳口的排哨疲劳麻痹，敌军很快抢占了东山坳口的有利地形。当哨兵发觉时，敌军已经借地势开始向军部驻地庚家河街发起进攻。下午1时接火，红二十五军手枪团迅速赶到前哨阵地，一面拼命阻击敌人，一面派人到军部报告。

洛南县庚家河镇地处洛南县、商县（今商州区）、商南县的接合部，山大林深。此时，中共鄂豫皖省委正在庚家河街召开第十八次常委会议，讨论建立新的根据地问题。听到枪声后会议立即中止，接到手枪团的报告后省委立即组织部队奔向前沿。副军长徐海东首先带领第二二三团跑步出发，军长程子华、政委吴焕先各带一个团迅速跟了上去，指挥部队实施反击。徐海东带领第二二三团向敌发起冲锋，夺回了东山坳口。第二二四团、第二二五团也迅速出击并占据了坳口南北两侧高地，协同第二二三团将敌击退。这次战斗，从军长到炊事员全部投入战斗，就连周少兰等七名女护士也参战。

“庾家河激战中，红二十五军副军长徐海东身负重伤。一颗子弹从他的左眼下方钻进去、由颈后穿出来，他满头满身全是血，不省人事。这时敌第六十师的后续部队第三三五团、第三五七团也相继赶到，在迫击炮和机枪的掩护下再次发起进攻，激烈的争夺全面展开。激战中，军长程子华也身负重伤，全体指战员在吴焕先的指挥下殊死奋战，山梁子上硝烟弥漫，杀声震天。经过二十九次反复冲杀，红二十五军共毙、伤敌人八百多名，挫败了敌人的追击。”丹凤县委史志办主任刘建军说。

据刘建军主任介绍，庾家河战斗是红二十五军长征途中最险恶的战斗之一，是关系红二十五军生死存亡的最后一场决战。“战斗造成干部和战士两百余人伤亡，军长、副军长和多名团营干部身负重伤。这一战斗的胜利有效地打击了国民党中央军的尾追，结束了省委和红二十五军历时二十多天，长驱九百余公里挺进陕南的战斗历程，使红二十五军暂时摆脱困境，为创建鄂豫陕革命根据地奠定了基础。”刘建军说。

据介绍，为铭记红二十五军在庾家河的战斗，丹凤县委、丹凤县政府于1982年在七里荫岭建起了庾家河战斗纪念碑，并建造了四角亭做保护。纪念碑正面的“庾家河战斗纪念碑”由原红二十五军政治部主任、中纪委原副书记郭述申亲自撰写。2001年10月，曾经历这次战斗的原军事科学院政委王诚汉将军为重新整修的庾家河战斗纪念地题词：“越雄关险隘，树长征精神。”

庾家河会议　做出建立鄂豫陕根据地的重大决策

23日中午，在丹凤县庾岭镇杨家药铺门前，县委史志办主任刘建军指着挂在墙上的“中共鄂豫皖省委第十八次常委会议旧址”牌匾告诉笔者说：“庾家河会议是非常重要的会议，提出了建立鄂豫陕根据地的重大决策。”

丹凤县委史志办主任刘建军向笔者讲述红二十五军在庾家河相关情况（图片来源：《西安晚报》）

1934年12月10日，中共鄂豫皖省委在庾家河镇杨家药铺召开中共鄂豫皖省委第十八次常委会议，会议由省委书记徐宝珊主持，省委常委吴焕先、程子华、徐海东、郑位三、戴季英出席。会议根据中央1934年2月的指示信和省委第十四次常委会议精神，讨论了《中共鄂豫皖省委关于创建新苏区新的革命根据地的决议草案》。《决议草案》认为鄂豫陕边国民党的统治比较薄弱，群众生活苦，容易发动斗争；地势条件有利于红军的防御和作战；距离川陕革命根据地较近，有利于配合，因此这里“无论如何是适应我们创建新苏区新的革命根据地的”。同时明确提出了“立即建立鄂豫陕省委，为创造鄂豫陕苏区而斗争”的战斗口号。

庾家河会议当天，省委常委、秘书长郑位三根据会议制定的方针和任务，起草了《什么是红军》的传单。传单以通俗易懂的语言宣传红军的性质、宗旨、任务及有关政策，申明“红军是工人农民的军队，红军是苏维埃政府指挥的军队，红军是共产党领导的军队，红军的基本主张是没收地主阶级的土地分配给农民”“帮助穷人免除一切捐税，不交租不还高利贷”等。这份传单在当地广大群众中产生了巨大的作用，扩大了党和红军的影响。

庾家河会议后，中共鄂豫陕省委肩负起了创建鄂豫陕革命根据地的重任。

蔡川整编　为创建革命根据地作准备

1934年12月11日，中共鄂豫陕省委移至洛南县庾家河镇西十五公里的蔡川镇，并对部队进行整编。因战斗减员过大，撤销第二二四团，充实到第二二三团和第二二五团，省委将军部的部分领导人做了调整：军政治部主任戴季英改任军参谋长，省委秘书长郑位三改任军政治部主任，调曾任省委常委、“肃反”中被错误撤职下放第二二四团任政治处主任的郭述申任军政治部副主任。部队整编后有第二二三团、第二二五团和手枪团，共两千五百余人。

“中共鄂豫陕省委在蔡川休整过程中，向干部战士传达了庾家河会议的决议，整编了部队，健全了军部组织，配备了领导，埋藏了多余的武器，从政治上、思想上、组织上做好了创建根据地的准备。12月19日，中共鄂豫陕省委率红军主力由蔡川出发，经庵底出老君峪，避开龙驹寨沿丹江而上，宿营茶房街与棣花街一线。”丹凤县委史志办主任刘建军介绍说。

1935年5月中旬，在庾家河成立的中共豫陕特委和豫陕游击师积极发展地方武装，广泛建立苏维埃政权，依靠农民开展土地革命运动，为创建和保卫苏区进行了艰苦的斗争，做出了显著的成绩。先后在丹凤县境内建立了龙驹寨、梨园岔、孙家山三个区苏维埃政府及百顷湾、灰池子、峦庄、蔡川、庾家河等乡苏维埃政府。

（本文发表于2016年9月25日，选自《西安晚报》）

鲜为人知的甘肃南部临时革命根据地

文 / 王文元

今年是红军长征胜利 80 周年。八十年前，红色的铁流从江西瑞金出发，一路辗转万里，最后在甘肃会宁，结束了长征使命。

甘肃是长征红军经过的重要地区。走过甘肃的长征队伍，不仅有红一、红二、红四方面军，还有红二十五军。甘肃也是唯一一个四支长征红军都经过的省区。

回想八十年前，长征中的红军队伍，不仅走过了甘肃，而且在甘肃召开了一系列的重要会议，包括在甘南迭部召开的中共中央政治局俄界会议、在宕昌召开的中共中央政治局哈达铺会议、在通渭召开的中共中央政治局榜罗镇会议及中共中央西北局岷州会议。长征中的红军，为甘肃留下了非常宝贵的革命历史记忆。如今，当年红军举行会议的地方，已经成了红色旅游的重要景点，向人们展示着曾经的故事。

在 1935 年 6 月召开的中共中央政治局两河口会议后，中央就提出以甘肃的岷州为中心地区，建立革命根据地，然后向东发展，以便夺取陕甘之间的广大地区。1936 年 7 月，红二、红六军团和红四方面军会合。随即，红二、红六军团和红三十二军，组成了红二方面军。不久，红二、红四方面军根据中共中央的指示，开辟了陇南、甘南两块临时革命根据地。

花儿剧《血洒二郎山》剧照（图片来源：《兰州晨报》）

八十年后，当年的硝烟已经散去，甘南、陇南两块临时革命根据地也早已隐藏在历史的记忆当中了。

“红军叫我当主席”，花儿在敌人刑场唱响

我们先从一个“花儿王”的故事说起吧！花儿是流传在甘宁青地区的特有民间歌曲。令人们想不到的是，这种民间曲艺中，竟然有专门歌唱红军的红色花儿。

张有才（图片来源：《兰州晨报》）

有一首花儿这样唱道：“桦柴劈成碌碡棋，红军叫我当主席，豁出人头手里提，鲁大昌（白），你把爷们啊么呢？”

这是一首在刑场上唱响的花儿。1936年10月，红四方面军离开岷县北上，与红一方面军在会宁会师。国民党鲁大昌部在岷县地区对参加帮助红军开展革命活动的进步人士展开了疯狂的镇压和屠杀。11月底的一天，岷州（今岷县）城外，人山人海。许多善良的老百姓，前来为一位“花儿王”送行。伴随着入云的花儿响起，敌人害怕了，花儿尚未落地，三声枪响，号称当地“花儿王”的岷县西川区苏维埃政府主席张有才和两位战友倒在了敌人的枪口下。

张有才就是甘南临时革命根据地的一名基层干部。

1936年8月5日至9月7日，红四方面军在甘肃南部成功实施了“洮岷西战役”，先后攻占漳县、临潭、渭源、通渭四座县城，同时控制了周边的岷县、陇西、临洮、武山广大地区，消灭敌人七千人，缴获一大批物资。

战役期间，党中央提出，发展甘南作为战略根据地之一，同时巩固和发展陕甘川苏区……中共中央西北局决定以岷县为中心成立中共甘肃省工作委员会和甘肃省苏维埃政府。这是红军长征途中建立的最高级别的甘肃省党政机构。

虽然是在长征期间，但是当时建立的中共甘肃省工委，从组织结构到工作人员配备都十分完善。中共甘肃省工作委员会由中共中央西北局组织部部长傅钟担任书记，下设组织部、宣传部、白区工作部、妇女部、少数民族工作部。

在长征红军抵达岷县之前，张有才和这里的绝大部分农民一样，面朝黄土背朝天，辛苦劳作。张有才家在岷县西川三十里铺村，他在兄弟中排行第五，人称张老五。虽然家境很困难，但是张老五却乐于助人。他还是唱花儿的高手，可以说在当地的名气非常大，人称“花儿王”。

这样一个“花儿王”，为何却义无反顾地跟随了红军呢？

岷县苏维埃政府主席张明远，甘肃走出的开国少将

张有才能参加红军，和一个人关系极为密切。这人就是张明远。

张明远是甘肃走出的数名开国少将之一，是岷县西寨乡坎峰村人。他八岁上学读书，可惜家境贫寒，没过多久，张明远就辍学回家放羊了。因而，后来洪学智上将给他写了“从放羊娃到将军”的赠言。

1925 年，年仅十四岁的张明远参加了冯玉祥的西北军。当时，一共得了六十块大洋，他留了二十块，剩下的四十块大洋给了母亲后，他就跟着西北军走了。投身西北军后，他一路转战，1931 年 12 月，在江西参加了著名的宁都暴动，投身于革命队伍中。

张明远参加红军后，被红一方面军政治保卫局选中，任红一方面军政治保卫局特务队队长、侦察科长，长征开始时任红三军团保卫局侦察科长。红军强渡金沙江时，在极其恶劣的环境下，他带人找到了船只，为红军渡江创造了条件，受到了刘伯承的高度赞扬。他曾站在刘伯承的背后，目睹了“彝海结盟”。

红四方面军进入甘南后，短时间内占据了一大片地区，便立即着手建立稳固后方，自然将扩大红军列为首要任务。而创建甘南临时革命根据地，也是基于这一点。

1936 年 9 月，中共中央西北局根据中央指示发布了《关于甘肃红军新占地区党的组织的决定》，指出：“这个广大的地区正是甘肃人烟稠密、物产丰富的区域，居民近百万；也正是我们扩大红军，筹集资材（财），争取群众创造西北抗日根据地的大好地区。”同时发布了《关于目前红军进入西北地区组织临时革命政权问题的决定》，着手建立各级苏维埃政府。1936 年 9 月，成立了由傅钟任书记的甘肃省工作委员会和由何长工任主席的甘肃省苏维埃政府。甘肃省苏维埃政府下设有保卫局、财政部、军事部等部门，下辖岷县、临潭、漳县、通渭、武山、会宁等九个县级苏维埃政府。

张明远将军（图片来源：《兰州晨报》）

熟悉岷县情况，又有丰富侦察经验的张明远，被任命为中共甘肃省工委委员、岷县苏维埃政府主席兼县独立团团长。中华人民共和国成立后，在东北军区任职的张明远被任命为驻朝鲜武官，到北京受领任务时，周恩来一见面就握着他的手说："你是红军过腊子口后第一任岷县县长。"

现在，人们可能认为，甘南临时革命根据地是匆忙建立起来的，或许只是个空架子，实际不然。当时，甘肃省工委有着非常严密的组织机构。就连最基层的乡，也规定由区工委直接领导，派人发展党组织。这样就形成了省、县、区、乡、村五级苏维埃政权。

张有才就是在这种情况下，被张明远发动起来参加了红军队伍，并且被选为岷县西川区苏维埃政府主席。而整个岷县苏维埃政府在岷县的西川、麻子川、茶埠、小西路等区、乡建立区、乡、村苏维埃政府三十五个，选举产生了各级政府负责人和军事负责人八十四人，初步形成了完整的地方管理体系。

各级党组织和苏维埃政府，发动群众，为红军筹粮筹款，多方奔走。尤其是张有才利用他的花儿把式的条件，还组织了一支西川区游击队。

在甘南临时革命根据地，红军将士们休整了五十七天，不仅补充了体力，还利用缴获的敌人的武器武装群众，扩大了红军。张明远在岷县所发展起来的岷县独立团，就接纳了三千多名新兵。在会宁会师后，张明远将这批新兵交给了红五军团。

跟上红军打天下，长征红军在甘肃留下的不朽传奇

在洮岷地区流传着不少的红色花儿，这些花儿都是当时参加红军的洮岷人士，或者参加苏维埃政府的人所传唱的。有一首花儿是这样的："南山飘来一朵云，红军住到岷县城。爱的穷汉老百姓，征的商户有钱人。布谷叫着立夏呢，红军干部带话呢，叫把商户不怕呢，人民要坐天下呢！"还有一首花儿《跟上红军打天下》这样唱道："西大二寨坎布塔，红军进庄缓一下，你给穷人解疙瘩，把心上的难辛吐一下。麻木做了矛子把，跟上红军打天下，打土豪来除恶霸，就给穷人把地划……"

中共甘肃省工委下辖西路、北路工作委员会。侧重点各不相同，西路工委以洮州为中心，向临洮、和政、河州、夏河及杨土司属地发展。北路工作委员会在建立漳县、渭源、陇西、临洮、武山、通渭等地的工作后，向甘谷、秦安、静宁、会宁、定西、兰州发展。

而此时，在陇南成县、徽县活动的红二方面军也开辟了陇南临时革命根据地。同时成立了以徽县为中心，甘泗淇任书记的中共甘陕川工委，组建了四个县的苏维埃政府，建立了有一千多人的徽县工农游击大队。

一时间，甘南、陇南两块根据地和陕甘根据地遥相呼应，形成了波澜壮阔的革

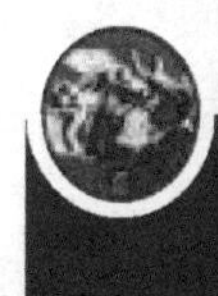

命形势。同时，也引起了蒋介石的注意，敌人调集重兵围攻。到了1936年九十月间，红二、红四方面军逐步撤离甘南、陇南临时革命根据地，再次踏上北上抗日的征程。甘肃省工委，也自然结束了使命。

当初，两个临时革命根据地的工作人员，一部分跟随红军继续长征了，一部分人则留在当地。一大批陇上子弟也追随着红军队伍而去，渭源人李肇基就是其中之一。李肇基参加了红三十军八十九师二六七团，后来红三十军渡过黄河被编入红西路军，开始悲壮的征程，他在景泰一条山牺牲。

红军走后，国民党反动派血腥的反攻倒算开始了。参加了各县抗日义勇队的战士、红军家属、给红军提供过帮助的人受到残酷迫害。宕昌哈达铺人朱进禄，曾任哈达铺、理川、宕昌地区游击队司令。游击队人数最多时达三千人，后朱进禄被鲁大昌部逮捕杀害。渭源县蓬峰乡（原汪家衙乡）人马玉泰，任汪家衙区苏维埃政府委员，积极动员群众支援红军，后被土豪保卫团残酷杀害。

张有才是在给战友们传递转移通知的路上被抓的，这已经是1936年11月了。当月底，他同另外两名苏维埃干部一同被鲁大昌杀害。刑场上，张有才唱响了花儿："桦柴劈成碌碡棋，红军叫我当主席……"

（本文发表于2016年4月23日，选自《兰州晨报》）

鸦儿崖：一个红色革命根据地

文 / 李春平　王永卫

骨脊山，群峰突兀，起伏连绵。山脚下有个英雄的村子叫鸦儿崖（今山西省吕梁市方山县北武当镇新民村），是一方具有光荣革命传统的热土。在伟大的抗日战争中，这里曾经是连接党中央所在地延安和华北的重要通道，是陕甘宁革命根据地的坚固屏障，也是离东县抗日民主政府的驻地。在那风起云涌的烽火岁月里，这个坚韧而挺拔的山沟里，不知发生过多少惊心动魄的激烈战斗，流传过多少可歌可泣的红色故事。当年，鸦儿崖人民在中国共产党的领导下，同日本侵略者进行了不屈不挠的斗争，守护了一方水土的气节尊严，也使这个名不见经传的山村名声大振，谱写了可歌可泣的吕梁英雄传。

光荣使命

1943 年夏，杨得志率一支回民支队回延安路宿鸦儿崖；1943 年 9 月，彭德怀率一连部队路宿新民村，由鸦儿崖民兵中队李守龙护送出境；1944 年 2 月，陈毅从前线回延安路宿鸦儿崖，由离东县五支队和民兵护送出境；1944 年春，王树声从延安去豫西路宿鸦儿崖，由离东县五支队护送出境；王震、王首道 1944 年从延安去湘鄂路宿鸦儿崖，由离东县五支队护送出境；1944 年夏，刘少奇、彭德怀、徐向前、刘伯承、杨尚昆、罗瑞卿、陈赓、陈锡联、蔡树藩等老一辈革命家从前线回延安参加整风及“七大”路宿鸦儿崖，由离东县五支队护送出境。1942 年秋，华国锋带领晋绥八分区游击队在段家坪和鸦儿崖住过十多天，宣传党的抗日救国主张，帮助离东县三区建立抗日武装，并在神沟与日军发生过一场交战。

红色政权

1940 年 7 月，为了便于对离石东部地区抗日斗争的领导，成立了“离石东山办

事处”；9 月，中共晋西区党委、山西省第二游击区行署决定，组建离东县，将离石县（今山西省吕梁市离石区）东山办事处改建为离东县佐公署。1941 年 11 月，四专署根据党中央对晋绥政权建设的指示和离东对敌斗争形势的实际需要，将离东县佐公署改建为离东县抗日民主政府。县佐公署、县政府先后隶属于晋西四专署、晋绥八专署、晋绥三专署领导。离东县政府为县一级政权，内设民政、司法、建设、财政、粮食、教育六个科和公安、交通、贸易三个局。方山县的峪口、鸦儿崖东南一带划归离东县辖，为离东县第三区，加上原有的离东一区、离东二区，共辖三个区，人口 50194 人，属晋绥四专属管辖。1942 年 11 月，撤销方山县，北川河以东、麻地会郝家庄以下划归离东县，政府驻地设在鸦儿崖，改属八专属管辖。1945 年 2 月 8 日，晋绥行署政务会议决定：离东县划归三专属管辖。1945 年 8 月 15 日，日本政府宣布无条件投降。1946 年 1 月 31 日，离东、离西两县合并成离石县。

联合抗敌

1941 年 11 月，中共离东县委将活动在离东地区的三个游击队整编为离东县游击五大队，属晋西北军区第四军分区和中共离东县委双重领导。1942 年 12 月，离东县委划归中共晋绥八地委后，属于晋绥军区第八军分区和中共离东县委双重领导。1945 年 2 月，离东县委划归中共晋绥三地委后，属于晋绥军区第三军分区和中共离东县委双重领导。五大队分别活动在鸦儿崖、大武、峪口、吴城、信义、小神头一带。同时，还充实了离东县敌军工作站，站长为闫斌。五支队先后在大武、离岚公路、圪洞、峪口、横泉、吴城、小神头、柳林镇香严寺、二郎庙等地同敌人开展了几十场大规模的战斗，炸毁日伪碉堡数十座，缴获大量武器弹药，最后，彻底地把日伪军赶出了吕梁。1945 年 2 月以后这支部队编入独立四旅十三团，归中国人民解放军第一野战军序列，随军转战陕北。1944 年 9 月 9 日至 19 日，离石、离西两县军民同“扫荡”离东的一千五百个日伪军作战十八次，毙敌十人，获骡三头、电线两百余斤。同年 10 月 17 日，离东县五大队智取玉林山据点，活捉二十九个伪军俘虏。1943 年农历八月十二日午时，日伪军组织两个团偷袭离东县政府，驻鸦儿崖村的八路军决死纵队五支队与庙底村民兵联合在一起同敌人展开了一场激烈的战斗，三个小时打死、打伤敌人一百二十多人，缴获步枪四十余支和部分手榴弹、子弹。剩余日军仓皇逃窜，我军牺牲了三位同志。这场战斗就是著名的“艾蒿梁战役”。

鸦儿崖的手榴弹

1943 年，吕梁的抗战形势发生了重大变化，离东军民由反“蚕食”斗争时的防御手段，变为主动攻击敌人的进攻阶段。鸦儿崖地处骨脊山下，岩石丰富，离东县抗日民主政府学习冀中的战斗经验，认识到地雷是打击敌人的有力武器，而且也是自己能制造又适合民兵使用的武器，于是就在鸦儿崖开办了地雷培训班。参加培训的有县游击大队班长、排长和各区民兵中队长共三十多人。之后，鸦儿崖村民家家都用石头、树节制造地雷（在石头和树节上挖开洞装进炸药），支援五支队消灭日军。现居河庄村的八十六岁的王林老人给笔者朗诵了当时流传在民间的一首歌谣：“日本鬼子胖圪蛋，过去吃的是大米饭，来到中国受困难，吃的是鸦儿崖的地雷手榴弹！”1944 年 9 月，离东县游击队配合三分区、八分区部队向驻扎在方山县圪洞、峪口、横泉等延路的敌据点发起了猛烈的攻击，打得日军狼狈不堪，节节败退，将这几个地点顺利收回到八路军手中。同年 11 月，离东二区军民在信义夺回被日伪军抢走的三万余斤小麦。1945 年 3 月 5 日，离东县五支队配合八路军收复峪口。1945 年 4 月，离东县游击队得知日、伪运粮车队路过的消息，在吴城九里湾设伏。当车队进入伏击圈后，伏兵四起，枪炮齐鸣，经过一场激战，消灭日伪军四十余人，缴获卡车三十四辆、牲畜九十余头及数吨粮食和敌人携带的全部枪支弹药，部队凯旋。

鸦儿崖的男人英雄顽强，杀敌立功，妇女在支前方面也有显著成绩。段家坪村妇救会主任耿凤英，将十九名妇女组成一支抗战支前联队，全年纺棉花一百七十五千克，织布六百多丈（1 丈约等于 3.33 米），为八路军战士缝制衣服五百余套，赶制军鞋两千两百余双，为抗日战争胜利提供了有力的后勤保障。

抗日战争时期，鸦儿崖的群众积极参与八路军的战斗，支前三百余人次，支前粮食八百余石（1 石等于 100 升）、棉布六百余匹、牲畜四十余匹（头）、畜力车五十余辆、担架六十余副，为抗日战争立下了不朽的功勋！

离东县的抗日斗争，既没有阎锡山军队，也没有蒋介石的中央军参与，是完全由中国共产党领导抗日武装的抗战战场。这里地理位置独特，斗争惨烈，意义重大，内涵深远。

“起来，不愿做奴隶的人们！把我们的血肉筑成我们新的长城……”七十一年前的战火硝烟早已散去，但这高亢的旋律依然激起我们奋斗的豪情；七十一年前救亡图存的历史任务虽已完成，但离东人民浴血奋战所铸就的爱国主义精神依然是最珍贵的精神财富。今天，我们收集整理这些资料，颂扬离东人民英勇杀敌、保家卫

国的光辉业绩，就是想让我们及后人从那段悲壮的历史中汲取精神力量，转化为继往开来、奋勇前进的现实基础。他们走过的历程是在共产党的领导下用鲜血、汗水、泪水写就的，充满着苦难和辉煌、曲折和胜利、付出和收获，这是吕梁发展史上不能忘却、不容否定的壮丽篇章。

我们深切怀念为抗击日寇和人民解放而顽强斗争的所有离东军民。他们为祖国和民族建立的丰功伟绩永垂史册！他们的崇高精神将被永远铭记！

（本文发表于2016年10月22日，选自《吕梁晚报》）

抗战虎将硬仗打造“老虎团”

文/王　萍

王诚汉，湖北省黄安县（今红安县）人，中国共产党党员，中国人民解放军高级将领。中华人民共和国成立后，曾任西藏军区副司令员、成都军区司令员，军事科学院政治委员等职。为中国共产党第十二届中央委员会委员，中国共产党第十三届中央顾问委员会委员。1955 年被授予少将军衔，获二级八一勋章、二级独立自由勋章、一级解放勋章。1988 年被授予上将军衔。

王诚汉（图片来源：《北京晨报》）

他是豫西抗日“老虎团”团长，一生戎马，先后参加过 1308 次战役战斗。十年前的 9 月 3 日，王诚汉等十位抗战老战士、爱国人士和抗日将领作为代表在人民大会堂被授予中国人民抗日战争胜利 60 周年纪念章。时光荏苒，如今在世的“60 周年纪念章老兵”已经寥寥无几。王诚汉老人也在 2009 年带着荣光“倒下”，无缘亲眼看见 70 周年阅兵盛典，但一代抗战将士的记忆，永不凋零。

老兵经历　转变老思想　学“统一战线”

1937 年 8 月 25 日，中国工农红军改编为国民革命军第八路军。昔日的红军摘掉红五星，换上“青天白日”帽徽，过去是见了面要打仗的敌人，今天成了并肩作战、共赴国难的兄弟。

1938年上半年，曾在万里长征的直罗镇战役中负重伤的王诚汉成了瓦窑堡的中国抗日红军大学（简称“抗大”）有着“黄金时期”之称的第四期的学员。当时的学员包括知名文艺界人士郑律成、贺绿汀，包括国民党元老黄兴之子黄鼎、冯玉祥之侄冯文华、傅作义的弟弟傅作良等。毛泽东主席为第四期开学题词“学好本领，好上前线去”。

原军事科学院战略部副部长李德义曾为王诚汉整理回忆录。他告诉笔者，那时很多红军战士对与昔日的敌人建立统一战线是有很大抵触情绪的，就像王诚汉的回忆录中有写道：“一听说与昔日的敌人建立统一战线，我在思想上有很大抵触情绪，后在西北红军大学听周恩来副主席作关于统一战线的报告，认识才有所转变。”

那段时间，“统一战线”是个新名词，很多像王诚汉一样的战士对“统一战线”的简单理解就是“中国人内部不打仗，一致抗日”。

“王大队长”名号　战区响当当

毕业后，王诚汉被留任抗大做军事教员。1939年6月，为了打破敌人对陕甘宁边区的封锁，中央决定将抗大本校、陕北公校移驻晋东南，王诚汉与抗大学员们唱着《到敌人后方去》离开延安，开始了历时两个半月的行军。这次行军行程一千二百五十余公里，途经三省二十五县，粉碎了日军企图在途中消灭抗大的图谋，被誉为“小长征”。

在《开国十少将》一书中，王诚汉（上排左一）被描述为“百战百胜”将军（图片来源：《北京晨报》）

5月下旬，日军出动四路兵力“围剿”抗大总校驻地河北邢台浆水镇，并声称“宁肯牺牲二十个日本士兵换一个抗大学员，牺牲五十个日本士兵换一个抗大干部”。7月，王诚汉奉命率领四百人的部队，十五天内作战四次，连战连捷，解放了被敌人掳掠的民夫七百余人，击毙、俘虏日军和伪军四十余人，缴获步枪七支。

李德义在为王诚汉整理回忆录时，记得有一段内容十分生动有趣。当时百姓都称赞王诚汉率领的抗大挺进大队是“保护神”，而他三营营长的实际职务，远不如“王大队长”的称呼响亮。一次，王诚汉亲手抓到了一名日军俘虏。原本傲慢的俘虏听翻译介绍“这是王大队长”时，竟向王诚汉“嗨”的一声行了鞠躬礼。王诚汉也通过翻译对这名日本士兵说：“你们的武士道，比我们的革命英雄主义精神还是差远了。”

临危受命　率团进豫西

1943 年 7 月，王诚汉任太行军区第七分区新编第一旅第一团团长。从此他就再没有下过战场，连续作战十年，直到抗美援朝战争胜利。

1944 年，中央要求尽快“挺进豫西”，豫西先遣支队司令员皮定均亲自点将王诚汉担任豫西支队三十五团团长，要求他“要像一把钢刀插入敌人心脏，牵制敌人西进南下，为最后战胜日本帝国主义创造有利条件”，“到豫西去，树起一面抗日旗帜”。

1944 年 9 月 5 日，八路军豫西抗日独立支队成立。支队到达河南孟津、济源县（今济源市）之间的黄河岸边时，水深浪高，对面的敌人居高临下，仅有的四条小船还被鬼子炸掉一条。

正在为如何渡黄河发愁时，王诚汉意外发现村里的孩子正抱着葫芦学游泳。于是下令“购买葫芦，每人两个”。大家把三条好一点的小船连接在一起，在船帮周围绑上了大葫芦增加浮力。原本只能载八九个人的小木船，这下一次竟可以上去一百多人。战士们把几挺机枪架在船头，在敌人的密集火力下成功渡河。

勇建根据地　得名“老虎团”

豫西沦陷后，日军留下一个师团以及一万余伪军，在各县都建立了伪政权。

王诚汉在后来这样回忆当时的情景：八路军刚刚走到寨子的墙下，寨门就关上了。战士们要吃饭就把银圆放在篮子里，让老百姓把银圆吊上寨楼，再把稀饭吊下来……宁可饿肚子，也没有一个人去挖老百姓的红薯；宁可睡在街头，也没有一个人去敲老乡家的门。

抗日独立支队来到豫西后，战斗几乎天天进行。王诚汉的小儿子，我国驻印度陆、海、空军武官王小军少将至今清楚地记得父亲的讲述：在小金店一战中，王诚汉和战士们用七八床湿棉被覆盖在桌子上当作“土坦克”，迎着敌人的扫射前进。有的战士冲上去直接用手抓住敌人的刺刀搏斗，一抓一把血。八路军的勇猛士气压倒了日军，最后迫使据点里的日伪军全部投降。当地老百姓把这支敢打敢冲的部队称作“老虎团”，“老虎团”从此声名远扬。王诚汉带着“老虎团”打了两百多场硬仗，歼敌近六千人，建立了豫西抗日根据地。

历史回放　挺进豫西开辟抗日根据地

1944 年 4 月至 6 月，日军发动河南会战，中原地区数十万国民党军迅速败退。日军打通了平汉铁路南段，占领了河南省大部地区。中共中央为了收复失地，开展河南抗战局面，发出命令：由中共中央北方局从太行、太岳抽调精干部队，尽快挺进豫西，开辟抗日根据地。

抗日独立支队自 1944 年 11 月至 1945 年 2 月连续粉碎日伪军的三次“扫荡”，打开嵩山、箕山地区的抗战局面，成立了第一军分区。第二支队积极开展游击战，钳制日军第一一〇师团主力，有力地配合了抗日独立支队的反“扫荡”作战；并开辟了黄河以南、陕县以东、洛宁以北、新安以西地区，成立了第二军分区。1945 年 2 月中旬，由陕甘宁晋绥联防军两个团组成的第三、第四支队进抵宜阳西南的东赵堡。2 月底，第三、第四支队进抵东西白栗坪与第一军分区部队会合，成立河南军区。4 月间，太行军区部队一部约两千人组成第六支队，进入豫西。至此，八路军创建了包括三个专区、二十余县、三百余万人口的豫西抗日根据地。

第七十次敬礼　没有等到纪念章　那些战友更可敬

王小军说，自己经常看抗日题材的影视剧。与个别影视剧中展现的“轻松”歼敌完全不同，父亲经历的抗战是异常艰苦的。在枪械弹药都严重落后和不足的情况下，经常会付出多于敌人几倍的牺牲。“前一秒钟还并肩作战的战友，下一秒钟就阴阳两隔。”

王小军说，父亲经常会讲起佛光峪一役中牺牲的一名年轻参谋。那位参谋是刚参军的学生兵，因为参战经历不多，面对血肉横飞的战场，吓得趴在地上不敢立起身子。“父亲就鼓励他‘不要怕！勇敢了，敌人的子弹都会拐弯绕开你走。像我这样！直起身子’……”等王诚汉带领战士们把这股敌人攻打下去后，回头却发现那位年轻的参谋倒在血泊之中，弹片击中了他的腹部。“他用最后一口气对父亲说：‘团长，你说的勇敢，我记着了……’”

王小军永远记得，自己在参加对越自卫反击战临行前，父亲又一次给他讲了佛光峪战斗。“他告诉我：‘勇敢，战场上需要的就是勇敢。军人最大的耻辱就是被别人认为是软蛋。战场上有牺牲，但不要怕牺牲，而勇敢可以避免牺牲，最终赢得胜利。’”

在王诚汉夫人黄丽文的记忆中，他很少讲述这些勋章背后自己所经历的九死一

王诚汉戎马一生获得的勋章和证书（图片来源：《北京晨报》）

生。虽然经常有人问起，但老人说得最多的一句话就是：“仗都是战士打的，胜利是战士们用血肉之躯换来的。要记住过去，记住那些牺牲的人们。”

自己也亲历过抗美援朝的黄丽文也深深懂得，为了和平与安宁，成千上万的人们埋骨沙场。为了国家，为了民族，他们誓死不退，宁可战至最后一卒。有的甚至姓甚名谁、家乡何处都无人知晓。“他曾经对我说，我们这些人虽然打了不少仗，吃了不少苦，负过伤，流过血，但和那些牺牲的战友相比，只是革命的幸存者而已。那些没有看到胜利、没有等到纪念章的战友才更可敬。”

笔者手记　鲜血生命铸荣光

在王诚汉上将的家中，悬挂着老人的照片。照片中的老人虽一身戎装，但神态安静，笑容慈祥。七十年前，他风华正茂、浑身是胆，用血肉之躯拼杀出一个让日军闻风丧胆的“老虎团”。

王诚汉的夫人黄丽文从一个手提袋中，缓缓地将一枚枚勋章摆在沙发上。笔者希望黄丽文能讲述每枚勋章背后的故事，但老人只是微笑着摇头说：“老头子在的时候，他也从不跟我说这些。”黄丽文说自己能做的，就是把这些勋章收藏好，而且每个勋章的盒子里，都有她亲手写的一张小纸条，上面记录着颁发年月。王诚汉的小儿子王小军告诉笔者，父亲在去世前的几年，记忆力出现了很大的问题。“有时候我回来，他要花两三个小时才能认出我。临终前，只认得妈妈，别人都不认识了。”

但就在这样的情况下，王诚汉依然能清楚地记得从红军时期开始，那些一起出生入死、浴血奋战的战友。他们有的是王诚汉参加红军后的第一个领路人，有的是红军的老政委，有的是自己的入党介绍人。在最后的岁月，他还经常念叨起在挺进豫西时牺牲的马夫，话语里充满遗憾和惋惜：“他一直紧随我左右，他还那么年轻，我都不知道他的家乡在哪里，要是知道，我应该去他的家乡看一看……”

勋章因为岁月剥蚀，光芒已经不像最初时光亮耀眼。虽然都是钢铁铸成，但拿在手上竟有些触手生温，也许正是因为它们都是用鲜血和生命换来的荣光。

（本文发表于 2015 年 9 月 2 日，选自《北京晨报》）

谁赢得了人民，谁就能赢得历史
——山东根据地抗战启示录

文 / 丁锡国　王海鹰　娄　辰

山东枣庄沙沟火车站——京沪铁路线上一个货运小站。七十年前，这里曾经上演了中国抗战史上罕见一幕：千余日军向中共领导的地方武装——鲁南铁道大队缴械投降。

从侵略者的铁蹄踏上鲁南的土地开始，这支抗日武装就奋战在这一带，搅得日军连连惨败。如同《铁道游击队之歌》描述的那样："我们爬飞车那个搞机枪，闯火车那个炸桥梁，就像钢刀插入敌胸膛，打得鬼子魂飞胆丧……"

全面抗战爆发后，国民党主力部队撤出山东，地方武装大部分伪化。民族危亡时刻，共产党高举抗日大旗，把一盘散沙的农民组织成一支不可战胜的力量，独立支撑起山东抗战大局。

十四年抗战，共产党领导山东军民歼敌六十余万人。山东抗日根据地成为全国抗战的重要战略支点。

八路军让老百姓看到了希望

1937 年 12 月下旬，日军渡过黄河。负责山东军事的国民党将领韩复榘和他的十万大军落荒而逃。

在国民党军溃败的同时，共产党挺身而出。危急时刻，中共山东省委领导群众发动武装起义，到次年上半年，组织起十个支队、约两万人的抗日游击队。1938 年，八路军一一五师进入山东。

抗战初期的山东，"司令"多如牛毛。许多队伍抗日是假，扰民是真。但当共产党领导的队伍到来后，老百姓才真正看到了希望：世界上竟然有不扰民还爱民的兵！

时光过去七十四年，曹县刘岗村村民刘效民对第一次看到“八路”的情景仍然记忆犹新：一个挎盒子枪的人，正在帮群众拉大锯；士兵们有扫院子的、有扫大街的、有挑水的……

1938年12月，菏泽市牡丹区大黄集镇安陵集村西庙前的一声枪响，给了时年十四岁的马金时刻骨铭心的记忆。当着数百名群众的面，八路军苏鲁豫支队处罚了司务长王恩路。因为他违反纪律，向老百姓要了一只鸡。马金时说：“那件事给老百姓的印象很深。大家都说，八路军是支好队伍。”

寻访当年的抗日根据地，几乎每一位战争的亲历者都会给我们讲述一段有关八路军的故事：部队拴马的时候，都要把马嘴罩起来，怕战马啃了老百姓的树皮；在老百姓家里，不随地吐痰；住在村里，除了打扫村道和院落，还要把水缸挑满……

严明的军纪，令人肃然起敬；爱民的情怀，赢得了人民拥戴。从《三大纪律八项注意》里，老百姓看到了和其他“老总”不一样的八路军。他们把这支队伍当作带领他们抵御侵略、赢得尊严、过上好日子的希望！

人民子弟兵为人民利益而战

十四年抗战是一场持久战，在山东大地上真正和老百姓一起抗争到底的，是共产党领导的军队。

虽然他们力量不够强大、装备不够精良，但他们义无反顾地担当了抵御外侮、保护人民的责任！

抗战进入相持阶段后，日伪军不断对根据地进行残酷的“扫荡”和“蚕食”。

1942年11月23日至24日，日军对胶东半岛的马石山区展开拉网“扫荡”。数千名群众和八路军战士被围困在马石山主峰一带。

为了保护群众突围，八路军山东纵队第五旅一个班的十名勇士，往返拼杀，三出四进，使千余群众脱险，而他们无一生还。

1939年8月2日，八路军一一五师在山东梁山泊地区战斗中歼灭日军六百余人，八路军声威大震，抗日队伍迅速扩大（图片来源：京报网）

胶东军区第十七团第七连同样被围。生死面前，战士们大义凛然。二营营长孙涛说："我们是人民子弟兵啊！今天晚上如果我们只顾自己突围，置群众的生死于不顾，即便我们活着出去，有何面目再见胶东父老？"

在掩护群众突围的过程中，除四名战士外，其余七连战士全部牺牲。

人民子弟兵是根据地父老乡亲的依靠，彰显了人民军队誓死为人民而战的血红底色。

几度搏杀动天地，碧血忠魂烁古今。1943 年 10 月，日军把曹县刘岗村上千名群众赶到水塘里，逼迫他们指认共产党员。

眼见一个又一个村民遭到敌人折磨，冀鲁豫边区八路军战士秦兴体挣脱开群众的阻拦，猛地站了出来："我是共产党员！我是八路军！"

鬼子把秦兴体钉在刑床上，用鞭打，用火烧，最后被生生折磨致死。

八路军战士用血肉之躯保护了刘岗村百姓，在刘岗村百姓心中耸立起一座英雄的丰碑。

七十年后，在三名亲历者倡议下，刘岗村群众捐款为这位普通的八路军战士树起了高高的纪念碑。

谁赢得人民谁就能天下无敌

战争的伟力之最深厚根源，存在于民众之中。

十四年抗战，山东根据地中共党员人数从初期的不足两千人发展到二十万人，八路军主力部队发展到二十七万人，另外发展了五十万基干民兵和数百万人民自卫武装。

侵略者非但没能消灭抵抗者，反而使抗日力量在血与火的考验中日益壮大。

山东沦陷后，国民党地方政府官员纷纷弃职潜逃，大批政权垮台。共产党抓住时机，加强抗日民主政权建设，大规模减租减息，传播新思想，建设新文化……共产党的主张和先进理念，变成了人民的新生活。

在莒南县大店镇，笔者看到这样一组对比数据：国统区每亩高粱交租八十四斤；敌占区每亩交租一百斤以上；减租减息后，根据地每亩交租十一斤。

鄄城县旧城镇旧城村历史上第一个民选政权是在破瓷碗里诞生的。1943 年麦收前，共产党领导旧城村第一次搞选举。被选举人坐在土台子上，背后放一个碗。选举人排着队，从候选人身后走过，愿意选谁，就在谁背后的碗里搁一粒黄豆。

当年的儿童团团长仪瑞庭说：选举结果一出来，老百姓敲锣打鼓，欢天喜地，比过年都高兴！

1941 年前后，山东根据地有统计的七十一个县政府中，民选的县长占 94%；

村级政权大都由村民大会或村民代表会议选举产生。根据地产生了一批“庄户县长”“牛倌区长”“长工村长”。

原山东省委党史研究室主任常连霆说：“共产党领导的全民抗战，不是让老百姓拿起大刀长矛跟鬼子拼命，而是让老百姓当家做主，成为社会、国家的主人，过上新生活。这样的社会、这样的人民，是侵略者征服不了的。”

那个年代，中国文盲多，不识字的妇女尤其多。为了把她们从封建礼教中解放出来，共产党在根据地掀起了主要面向妇女的文化普及运动，组织妇女学习文化。“识字班”这个别致的称呼，在山东慢慢地变成了姑娘们的代名词。

接受了新文化、新思想的女性，在残酷的战争年代书写了无数可歌可泣的动人故事，如用乳汁抢救八路军伤员的“红嫂”、哺育八路军子女的“乳娘”……

在现今莱州市一些村庄的地底下，有过一座地下医院。躲在下面，听得见鬼子的马蹄声，但伤员并没有太多担心。从 1941 年到 1944 年，有上千名八路军伤病员在这里得到救治，重返抗日前线。

真正安全的，不是隐蔽的洞口设置，也不是巧妙的双层地道设计，而是人民群众舍生忘死的掩护……

莱州市王门村村民李彩亭的家，就处在地下医院的中心位置。忆起当年和母亲一起保护八路军的惊险一幕，今年八十三岁的李彩亭仍然能说得出细节。

有一次，鬼子突然来“扫荡”，几名护士来不及转移到地下了。女护士爬到李彩亭家的炕上，假装在做针线活。当年仅有十一岁的李彩亭，机智地对日军说：“这是俺姐姐、俺嫂子。”而李彩亭的妈妈，则冲着两名男护士“吼”了起来：“天都晌了，还不上坡（干活）？”

1944 年 11 月 14 日，八路军山东军区发起莒城战役。当地两千五百名民兵和群众奔赴前线，运送物资、转运伤员、破坏公路、平毁工事。经过半个月的战斗，八路军收复莒县全境。

据不完全统计，1942 年至 1945 年，山东民兵累计拆除敌碉堡 1957 个，破坏敌公路 1.4 万公里，拆除铁轨 8.6 万根，割电话线 350 万公斤。

沙沟车站前，接受日军投降的中国共产党代表昂首挺胸。作为不屈的人民的代表，作为这块神圣大地的主人，他们当之无愧！

（本文发表于 2015 年 8 月 13 日，选自新华网）

“到敌人后方去，把鬼子赶出境”

——记共产党领导下的第一个敌后抗日根据地

文 / 王菲菲

佛教圣地五台山，五峰耸立，千嶂环护。抗日战争时期，以阜平、五台为中心，中国共产党创立了第一个敌后抗日根据地——晋察冀抗日根据地。这个“敌后模范的抗日根据地及统一战线的模范区”如一把尖刀插向了敌人的心脏。

1937 年 7 月，卢沟桥事变爆发后，八路军一一五师挺进华北抗日前线。“首战平型关，威名天下扬。”在取得抗战开始后的首个胜利之后，一一五师主力南下晋西南，而由政委聂荣臻率领的一一五师一部及军政干部共三千余人则留驻五台山地区，着手创建敌后抗日根据地。

1937 年 11 月 7 日，以阜平、五台为中心的晋察冀军区成立，聂荣臻任司令员兼政治委员。

次年 1 月 10 日，晋察冀边区军政民代表大会在河北阜平召开，出席会议的有共产党员、国民党员、各抗日军队和抗日群众团体的代表，工人、农民、开明绅士和资本家的代表，蒙古、回、藏等少数民族的代表，以及五台山寺庙的和尚、喇嘛等一百四十余人，代表着边区三十余县的广大民众。会议经过民主选举，成立了晋察冀边区行政委员会。这是共产党领导的第一个敌后统一战线性质的抗日民主政权，它颁布实施的各项政策法令，稳定了社会秩序，从根本上改变了国民党军队败退和政权垮台后出现的混乱局面，使敌后抗战力量得到迅速发展。

1938 年 11 月，中共中央晋察冀分局成立，分局代表中共中央和北方局，全面领导边区的党、政、军和群众工作。这年年底，晋察冀抗日根据地共辖七十余县，居民一千两百万，武装力量约十万人。

晋察冀抗日根据地的创立与发展，引起了日军极大的恐慌。他们在华北采用军

事、政治、经济、文化相结合的“总力战”，连续五次推行“治安强化运动”，对晋察冀抗日根据地进行残酷的“扫荡”“蚕食”。日军还制造了一系列骇人听闻的惨案，实行烧光、杀光、抢光的“三光”政策，制造“无人区”，晋察冀根据地进入艰苦困难的时期。

面对这样的局面，晋察冀分局和晋察冀军区执行中共中央、中央军委的坚持敌后抗战、巩固和扩大抗日民族统一战线的方针政策。建立“三三制”政权，实行精兵简政、减租减息，发展生产。同时，抗日根据地实行主力部队地方化，加强地方部队、主力部队和民兵相结合的方法，采取“敌进我进”“向敌后之敌后伸展”“把敌人挤出去”等军事斗争方针。

在高高的山冈上，在密密的丛林中，在遍地的青纱帐、芦苇荡里，共产党领导的抗日武装锤炼出了一整套令日寇闻风丧胆的战法：麻雀战、地道战、地雷战……

1945 年 5 月，晋察冀根据地军民根据中共中央“削弱日伪，发展我军，缩小敌占区，扩大解放区”的方针，对日伪军发起大规模夏季攻势。先后发动察南战役、雁北攻势、子牙河战役、大清河战役、热辽战役，消灭日伪军两万余人，扩大了解放区，将敌人压缩到铁路沿线及主要城市。

同年 8 月，晋察冀军区在广大群众的支援下，对日伪军展开大反攻：一部攻夺大同、丰镇等城，一部进攻太原，一部包围北平，一部攻张家口、张北、多伦、沽源，一部攻唐山、秦皇岛等，一部攻天津、塘沽，一部攻石家庄、保定，攻占城市七十余座；解放了西迄同蒲铁路，东到渤海、锦州，南临正太路、石德路，北至多伦、赤峰的广大地区，使晋察冀根据地与晋绥、晋冀鲁豫、山东根据地和东北解放区连成一片。

“到敌人后方去，把鬼子赶出境。不怕雨，不怕风；抄后路，出奇兵；今天攻下来一个村，明天夺回来一座城。叫鬼子顾西不顾东，叫鬼子军力不集中……”从晋察冀根据地开始，敌后根据地如同四散的火星迅速形成燎原之势，为取得抗战胜利作出了巨大的贡献。

（本文发表于 2016 年 6 月 29 日，选自新华网）

高捷成：从根据地走出的我党金融事业奠基人

文 / 徐　洁

高捷成，于1932年4月红军攻克漳州后参加红军，长期在红色根据地从事财经工作，成长为“我党金融事业奠基人”，入列全国首批抗日英烈。在纪念红军长征胜利80周年之际，笔者采访了高捷成的孙子高庆麟，一同解读高捷成参加红军投身革命后的唯一家书，揭开他传奇的一生。

投身民主革命浪潮

1909年9月17日，高捷成诞生在福建龙溪县（今漳州市）一个小手工业者家庭。

高捷成自幼聪明伶俐、勤勉好学。在省立第三高级中学学习期间，他深受民主爱国思想的影响，积极参加反帝大同盟革命活动。1926年11月，北伐军进驻漳州，十七岁的高捷成热血沸腾，毅然投笔从戎。

1927年，轰轰烈烈的大革命失败后，一腔热血、万分悲愤的高捷成回到家乡，继续为革命四处奔走。在不幸被捕后，学生模样的高捷成巧妙应对，加上有其宗叔保释，他幸免牢狱之灾。

苦闷迷茫的高捷成试图走“读书救国”之路。1928年，十九岁的高捷成考入厦门大学研习经济学。然而，风雨飘摇中的祖国，已没有静读诗书之地。一年多后，高捷成离开心爱的学校，到上海中南银行工作。不久，他与上海地下党取得联系，秘密进行地下活动。在一次张贴标语时，高捷成不慎被捕入狱。他在狱中坚持斗争，与上海地下党里应外合，成功“越狱”……

“挪用”庄银支持革命

离开上海后，高捷成辗转回到漳州，在其宗叔高开国的“百川银庄”里任出纳一职，并暗中参加了王占春领导的闽南游击队的革命活动。

此时，闽南游击队风生水起，但枪弹武器、经费十分缺乏，战斗常常失利，伤亡惨重。伤病员又因缺少药品得不到及时救治，队伍损失极大。高捷成心急如焚，一个大胆的念头在心头浮现——利用在银庄做财务工作的职务之便，先后从银庄悄悄“挪用”两万多银圆，解了闽南游击队的燃眉之急。闽南革命队伍活动范围从漳州城南的九湖、南乡一带扩大到漳浦、云霄等地，为 1932 年毛泽东率领工农红军顺利攻克漳州打下良好基础。

不辞而别参加红军

1932 年 4 月，红军攻克漳州，经王占春推荐，高捷成协助红军打理财务工作及募集款项等。他四十多天不曾回家，共筹措到一百多万银圆和四十多万元物资。在红军中负责财经工作的毛泽民慧眼识才，将熟悉银行业务的高捷成调至身边工作。5 月底，高捷成随红军返回革命根据地瑞金。临行前，他在熟悉而又亲切的家门外徘徊又徘徊，却不敢如往日一样轻松喜悦地推门而入。他不敢面辞年迈的父母、年仅十九岁的妻子和未满三个月的孩子。“誓不求中华民族之解放，当不为中华民族黄帝子孙之一人，决心从戎”，参加红军。

这一去，他再没有踏上故乡的土地。这一别，与高堂父母、弱妻幼子成为永别！

不久，高捷成加入中国共产党，在红军中历任宣传队长、教育科长、组织科长、总务处长等职，首创全军会计制度。1934 年 10 月，红军第五次反“围剿”失败，高捷成随红军北上，参加二万五千里长征。

“不肖浪荡子”的家书

离开漳州六年后，1937 年 4 月，高捷成从延安给他的开宗叔叔写来了一封家书。家人这才知道，他“在这六年中，东西奔波，南北追逐，历尽一切千辛万苦，雪山草地，万里长征，在所不辞！无非为的是挽救国家的危亡！志向所趋，海浪风波，在所难阻！”

信中，高捷成表达了他“从戎的决心”：“只有救国才能顾家，国亡家安在？”“这是救国抗战、为国牺牲坚决的立志”“而不是断绝人伦的无条件的弃家而

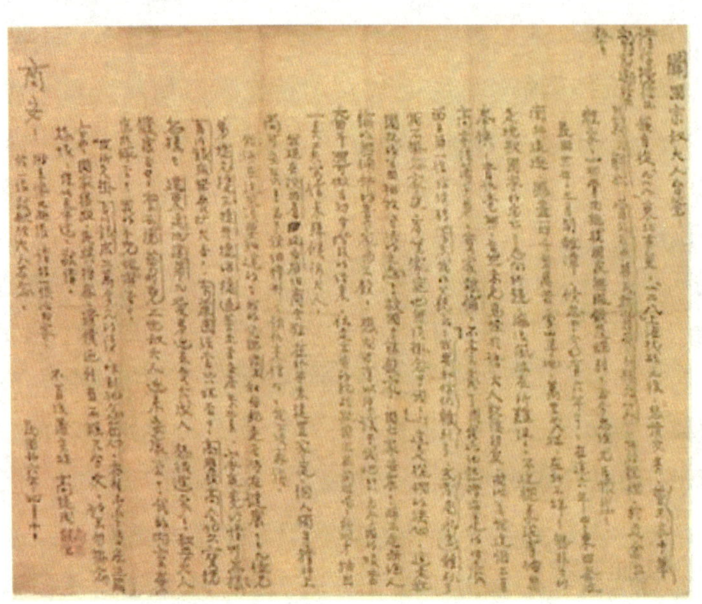

高捷成的唯一家书（图片来源:《闽南日报》）

不顾”……

信中，他自称“高家不肖浪荡子弟”。父母膝下，不曾尽孝，妻儿面前，不曾尽责，是为“不肖”;“偷挪”巨款，一去不回，陷妻儿乃至整个家族于无尽的困顿之中，堪称“浪荡”。信中他真诚表示，“我所欠掛百川银庄两万多元的债，本利至今当在三万余。国家得救，民族得存，清债还利，当不短欠分文”，读来让人有荡气回肠的感动。为还清他欠下的债，当年的高家变卖了多处祖产，东挪西借，到处磕头作揖，妻子也变卖所有首饰，打工还债，过着颠沛流离的生活。

建设“伦敦”代号“07”

随着抗日战争的全面爆发，高捷成随八路军挺进太行山，开辟抗日根据地。八路军采取灵活多样的游击战术，给日本侵略者以猛烈的打击。为了扼杀中国共产党领导下的抗日武装力量，日军加强对太行山根据地的军事“扫荡”，同时通过发行伪钞进行疯狂的经济掠夺。

1938 年，党中央、毛泽东英明决定：艰苦奋斗，自力更生，在晋冀鲁豫边区“造出独立自主的地方性货币”。高捷成受命负责筹建抗日边区银行，印发根据地自己的货币。他说:“伪钞是建立在敌人刺刀尖上的票子，是剥削中国人民血汗、妄图实现其以战养战的罪恶工具，必须坚决打击。”

1939 年 10 月 15 日，“冀南银行”宣告成立，高捷成任首任行长，之后又兼任政委。为迷惑敌人，高度绝密的银行故意以“冀南”冠名，实则建于山西太行区

黎城县一带。冀南银行代号“伦敦”，印钞厂代号“伦敦工厂”，高级领导以代号相称，高捷成代号“07”。

可印钞，又谈何容易？在国土沦丧、外敌入侵、贫穷落后的战争年代，机器设备、纸张、油墨、技术等从何而来？

高捷成与同志们一道，不畏艰难，通过各种曲折的关系和渠道，冒着生命危险从日伪占领区采购、运输所需物资和设备，调动一切积极因素，勇闯一道又一道难关，经历无数次失败再失败……终于，中国革命史上伟大的“冀钞”诞生了！

接着，高捷成通过整顿边区货币，打击伪钞，肃清土杂钞，扩大“冀钞”领地，使“冀南票”站稳了本位币的脚跟，边区本位币统一的货币市场逐渐建立。货币斗争取得重大而辉煌的胜利，彻底粉碎了敌人妄图从经济上击垮我抗日根据地的阴谋。功勋卓著的高捷成因此被誉为“我党金融事业奠基人”。

壮烈殉国年仅三十四岁

冀南银行当年绝密的印钞所旧址，今天已不再神秘。它位于山西省长治市黎城县一个叫“宽嶂圪廊”的地方，这里山势险要，居高临下，暗藏状呈“L”形的碉堡，狭窄逼仄，布设八个枪眼，可谓：“一夫当关，万夫莫开”，成为守护边区金融重地的第一道防线。与著名的黄崖洞兵工厂相隔一道深深的山谷，遥遥相望……

1943 年 5 月 13 日，高捷成一行下基层检查货币发行工作，与进山“扫荡”的鬼子遭遇。机警的高捷成迅速指挥大家分散突围，猛然发现少了警卫员小刘，急忙返回寻找。不幸正面遇敌，高捷成腹部中弹。话务员周正云急忙背起他就跑。高捷成看见身背报话机的小周负重前行，发现这样势必两人都难以脱逃。他忍着剧痛，对小周说：“把我放下，背上我的挎包，赶紧突围！”小周坚决地说：“不行，要死一块死！”高捷成严肃地命令周正云：“挎包里有党的重要文件，不能落在敌人手里，你快走，不要管我！”

身负重伤的高捷成顽强地与敌人浴血奋战，掩护战友撤离，最后壮烈殉国，年仅三十四岁！

噩耗传出，山河呜咽，战友失声，边区广大军民沉浸在万分悲痛之中。

高捷成牺牲后被安葬在河北涉县索保镇，1950 年 10 月 21 日，国家将高捷成和左权将军等七位烈士的灵柩移葬晋冀鲁豫烈士陵园，毛泽东亲笔题写“英勇牺牲的烈士千古，无上光荣”。

遗孀全额捐献抚恤金

高捷成参加红军后，与家人失去联系，加上其工作和身份的特殊性，极少有人知道他的真实姓名，家在何方。中华人民共和国成立后，时任中央人民政府内务部部长的谢觉哉同志先后两次到福建厦门等地寻找高捷成烈士的亲属，终于于 1951 年找到高家。直到此时，望眼欲穿的高奶奶才知道自己思念苦等了一辈子的丈夫，早已于 1943 年壮烈殉国。

1951 年，漳州中山公园、大众影院隆重召开追悼大会，烈士英灵魂归故里，告慰家乡父老。

高捷成身为党的高级干部，主管金融，一身八路军粗布军服，与战友一道吃糠咽菜，简朴清贫，两袖清风。身后，没有给家人留下任何财产。

深明大义的高奶奶把高捷成寄回的唯一一封家书和一帧照片珍藏起来，却把政府一次性发放的三千元烈士抚恤金全部捐献给了百废待兴的国家。

（本文发表于 2016 年 10 月 18 日，选自《闽南日报》）

红色的土地　红军的摇篮

文 / 彭小萍

长征前，十万红军和四十万地方武装在鄂成长

在黄麻起义和鄂豫皖苏区革命纪念馆，一张张黑白图片将时空拉回 1927 年 11 月 14 日那个血雨腥风的红色黎明……

暴动，暴动！工农打先锋，拿起刀和枪，一同去进攻！暴动，暴动！天下归工农，再不当牛马，要做主人翁！

凌晨 4 时，黄安（今红安）城下，“砰！砰！砰！”几声清脆的枪声，打破了黎明前的寂静。等候已久的黄安、麻城起义军，涌向城门。枪炮声惊天动地，腾腾烈焰映红夜空。经过四个小时的激烈奋战，农民自卫军解放了黄安城。

黄麻起义、荆江两岸年关暴动、鄂北农民起义……1927 年在汉口召开的八七会议提出“枪杆子里出政权”后，点燃了革命烈火，荆楚大地上红色暴动此起彼伏，人民军队呼之欲出，革命根据地相继建立。

湖北是红军的摇篮。1927 年至 1934 年，多支军级建制的红军部队诞生于湖北。它们是红一军（鄂豫皖）、红二军（湘鄂西）、红三军（湘鄂西）、红四军（鄂豫皖、湘鄂西）、红六军（鄂西）、红七军（鄂北）、红八军（鄂东南）、红九军（鄂北、鄂豫皖）、红十一军（鄂豫皖）、红十二军（鄂东南）、红十五军（鄂东南）、红十七军、红二十五军、红二十七军、红二十八军。两支诞生于湖北的红军军团、贺龙的红二军团和彭德怀的红三军团，成为中国工农红军第二方面军和第一方面军的主力，与同样诞生于湖北的主力红军、徐向前等领导的红四方面军，构成了中国工农红军的三大主力。

湖北还是全国第二大苏维埃根据地。自 1927 年 8 月 21 日，罗荣桓领导通城暴动后成立的通城劳农政府，建立全国第一个县级红色政权后，湖北相继建立湘鄂

鄂豫皖革命根据地首府红安七里坪，如今已发展成为繁华集镇（图片来源:《湖北日报》）

西、鄂豫皖、湘鄂赣、湘鄂川黔等苏区和鄂豫陕游击根据地。其中鄂豫皖、湘鄂西、湘鄂赣三块根据地，在其全盛时期拥有一千多万人口，是仅次于闽赣中央苏区的全国主要的苏维埃根据地。

红军长征之前，在湖北及其相邻地区诞生、战斗的红军部队已发展到近十万人，地方武装约四十万人。

四支长征红军队伍，三支诞生于荆楚大地

八十二年前的10月17日，第五次反“围剿”失败后，濒临绝境的中央红军共8.6万余人，夜渡于都河，踏上二万五千里漫漫长征路。“一送（里格）红军，（介支个）下了山，秋风（里格）细雨，（介支个）缠绵绵……”这首广为传唱的江西民歌《十送红军》，至今仍常在于都河畔响起。

中央红军出发后，红二十五军、红四方面军、红二军团、红六军团、相继踏上长征路。这三支红军长征部队均诞生于湖北。

红二十五军是长征途中，唯一一支人数不减反增的红军队伍，历时十个月，转战四省，行程约一万里，最早到达陕北、被毛泽东称赞为“中央红军之向导”，“为革命立了大功”。这支人数最少的红军队伍，却走出了九十七名共和国将军。

红四方面军的长征从1935年3月28日强渡嘉陵江西进开始，到1936年10月与红一方面军在甘肃会宁会师结束，历时一年零七个月，途经四川、西康（中国旧省名，所辖地主要为现在的四川、西藏、云南部分地区）、青海、甘肃等四省。三过雪山、草地，行程一万多里。

为策应中央红军长征，1935年11月19日，红二、红六军团主力1.7万余人离

开湘鄂川黔苏区开始长征。十一个月，红二、红六军团（后改编成红二方面军）走过了九个省的九十二个县境，行程近两万里，进行大小战斗一百一十余次，长征结束时仍保存了 1.3 万人的兵力，被毛泽东称赞为“是个了不起的奇迹”。

红一方面军的战史，也和湖北紧密相关。红一军团一直担当中央红军的开路先锋，先后经历了血战湘江、四渡赤水、飞夺泸定桥、激战腊子口等战役。据统计，红一方面军中湖北籍团以上干部达九十七名，其中大多成长为抗日战争、解放战争时期的著名将领。

红军长征途中，在湖北边区建立唯一的根据地

鄂豫陕根据地是红军长征途中建立的唯一根据地。这块根据地，位于秦巴山深处、鄂西北边陲的十堰市郧西县及其周边，由红二十五军开辟。

据郧西县档案馆馆长徐峰介绍，1932 年至 1936 年，红四方面军、红三军和红二十五军先后来到郧西，其中长征途经郧西的红二十五军在郧西驻扎一年多，创立了鄂豫陕根据地，建立了苏维埃地方政权。

郧西县内，建立的根据地主要在湖北口乡和关防乡一带。这里，北靠秦岭，南濒汉水，悬崖峻迭，地势险要，便于开展游击战争。时任红二十五军副军长徐海东在长征中负伤，曾在郧西养伤八个月。红二十五军从 1934 年 12 月长征进入郧西，至 1937 年 2 月红七十四师开赴三元整编，坚持在十堰的郧西、郧阳区斗争达两年两个月之久。

在创建和坚持鄂豫陕根据地斗争的艰苦岁月里，郧西人民帮红军、当红军，成为一种自觉行动。郧西至今流传着许多感人故事：二天门吴之祥一家，想方设法保护一位受伤的红军团长，并动员自己的五个孩子参加了革命。庙川区虎坪马福顺一家掩护了三名红军伤病员。在战斗中被敌击穿腹部，肠子涌出来的军供给处政委张希才，在二天门群众家养好伤后才得以重返前线。许多红军干部战士为了表达对苏区人民的情谊，把水壶、剪刀、烟袋和血迹未干的军毯赠送给群众，以作临别纪念。

《什么是红军》传单，每年接受上万人次参观

如今的郧西县，已是红色旅游胜地，革命遗址俯拾皆是——

在郧西县关防乡丁家坪村第一居民组的一个普通院子里，一面斑驳的土墙上写着一行粗黑大字：“苏维埃新中国胜利万岁！”这几间房屋是当时一个保长的住宅，由红二十五军征用，成为七十五师二二三团政治部驻地。

位于丹江口市官山镇吕家河村的红墙上留下了柳直荀珍贵字迹（图片来源：《湖北日报》）

在郧西县档案馆，珍藏着一份“镇馆之宝”：时任红二十五军政治部宣传科科长的刘华清亲自刻印的《什么是红军》传单。这张传单历尽烽火岁月，保存完好，每年接受上万人次参观。上面的字迹仍清晰可辨：“红军是共产党人领导的军队。红军里面的人，都是工人、农民、贫民、士兵出身，所以他们能代表穷人的利益……红军一到哪里，就没收土豪的粮食、东西，分配给穷人，帮助穷人免除一切捐税，不缴租，不还高利贷。”

1935 年 5 月，身为红军特务队副班长的李玉才，将这张红军传单交给妻子刘立英。随后，红军主力北上。刘立英目不识丁，不知道上面写的什么，但她知道这是红军发的，必须永远保存下去。在地方反动武装的反复搜查中，刘立英将这张传单包了又包，藏了又藏，几经转移，才保存下来，1981 年 9 月她将此传单交给了郧西县委党史办。

郧西县，一张宣传单，告诉你什么是红军；红安县七里坪，革命遗址群，见证两百名将军同一个故乡；监利周老嘴、洪湖瞿家湾，是贺胡子（贺龙）带领百姓闹革命的地方；丹江口市吕家河村，一面红军墙，留下柳直荀珍贵的字迹；石首市李华山村，一排黄芯树，伴随红军发展壮大；阳新龙港镇上泉村，一口红军井，泽被五代人……

红色“家史”励志育人。如今，矗立在荆楚大地上的千百个革命遗址，成为红色旅游的热门景区。这些“精神地标”，指引我们在新长征路上，不忘初心，继续前行。

湘鄂川黔革命根据地也成为中央红军长征后坚守在南方时间最长、最大的一块红色根据地，坚持了对中央红军长达一年多的策应。

（本文发表于 2016 年 10 月 21 日，选自《湖北日报》，有删节）

井冈山谢家八角楼，毛主席当年在这里办公

文/马　拉

江西井冈山被誉为“革命摇篮”。“天下竹子数不清，井冈山竹子头一名”“红米饭那个南瓜汤”，这里的每一根竹子、每一个南瓜，都被中国作协和中国文联的作家及艺术家们反复描绘和歌唱。今天，根据重庆搪瓷厂美工谢绍章先生的回忆，我们来参观井冈山名门望族谢氏家族的三角炉和八角楼。

三角炉

20世纪70年代广交会上的三角牌三角形煤油炉（图片来源：《重庆晨报》）

很少有人知道，20世纪70年代曾设计过著名外贸产品——三角牌三角形煤油炉的重庆搪瓷厂美工谢绍章先生，出身于江西井冈山茅坪的名门望族——谢氏家族。70年代流行歌曲《八角楼的灯光》唱的“井冈山的人哎，抬头望哎，八角楼的灯光，照四方”中的八角楼——毛主席当年在井冈山办公、写文章的楼，就是他们谢家祠堂的一部分。他说：“从小我就听我父亲讲过，歌里面唱的八角楼，就是我们谢家的。小时候我们学的课文《朱德的扁担》，朱老总和红军战士一起到茅坪去挑粮上山，挑的就是我们谢家的粮食。”

苏教版小学《语文》第三册课文《朱德的扁担》，从20世纪50年代初期就已进入中国小学语文课本，《朱德的扁担》一直是革命传统教育的重要课文。

“1928年，朱德同志带领队伍到井冈山，跟毛泽东同志会师了。红军要坚守井冈山根据地，必须储备足够的粮食。井冈山上生产粮食不多，常常要抽出一些人到茅坪去挑粮。从井冈山到茅坪，有五六十里，山高路陡，非常难走。朱德同志也跟战士们一道去挑粮。”

为什么要到茅坪去挑粮呢？谢绍章说：“井冈山上都是山坡坡，是打仗的地方，地势险要，不种粮食，红军要吃饭，就只有到山脚下我们茅坪来找粮食。我的伯父谢甲开，是井冈山的革命烈士，是一个开明士绅。他参加革命后，就发动族人捐粮，所以我才说朱德的扁担，担的是我们谢家的粮。”

后来，他开始设计一代名炉——三角炉。“当时我们厂的产品一直是内销，还没做过外销。当时厂里面决定，做外销煤油炉，大家都来设计。当时国内的煤油炉不是方形就是圆形，我就来搞一个三角形。厂里看中了，就和其他外形的炉子，都拿去广交会让外商看一看。外商一看三角形别出心裁，没见过，很喜欢。但又怀疑质量。我们的人就叫他站上去踩一踩。外商站上去踩，我的炉子纹丝不动，踩不垮，外商就订货了。我们厂就定型生产，深绿色，商标也叫三角牌，十几元一个，主要是出口，国内没怎么卖。我们厂给全厂职工每人发了一个，我那个现在都还在。炉子外销以后，我又设计了洗水碗、菜盘，全都出口了，还获得了四川省、全国轻工部的奖，三角炉那时候还没兴评奖。”

八角楼

1933 年出生于南京的谢绍章，从没去过老家井冈山。但今年七十八岁的妹妹谢绍国回去过两次。妹妹也是出生于南京，抗战时跟父母逃到重庆，1964 年从成都工学院毕业后，分配到广州合成材料研究院，现在是退休高级工程师。

她说：“我妈妈没去过井冈山。我第一次去，是 2005 年 9 月，跟着一个红色旅游团去的。到了茅坪，找到一个老人一问，他说你们家还有人，我就找到了我一个侄儿。当时是跟团，匆匆忙忙的，没待多久，只把带去的父母部分骨灰，埋在山上，也是让父母魂归故里。”

她第二次去是 2011 年 10 月，看到了当地政府修建的谢甲开烈士之墓。“我的伯

八角楼得名的八角天窗（图片来源：《重庆晨报》）

2005 年，谢绍国（左一）第一次回井冈山和伯父谢甲开烈士的后人在谢氏慎公祠前合影（图片来源：《重庆晨报》）

父谢甲开的墓是一个独立的大墓，修得很好。”

在井冈山革命史上，谢绍章的伯父——只活了三十二岁的谢甲开，是与袁文才、王佐这些风云人物的名字和事迹连在一起的。据其墓碑碑文所载：谢甲开 1926 年参加农民运动。1927 年红军在茅坪安家，他主动拿出家中的粮食、茶油，支援军队。1927 年入党，1928 年春任茅坪乡工农兵政府秘书和乡支部书记。同年 3 月，当地土豪和国民党军一个营，趁红军离开湘赣边界后，“血洗茅坪”。

谢绍国说：“红军来到井冈山，要吃、要住，伯父把自家的房子腾出来，把油、米都捐出来。毛主席是 1927 年 9 月 24 日上大井，10 月 7 日进茅坪的。袁文才欢迎他去茅坪，就住在我们谢家的八角楼，有两层楼，朱毛会师以后，毛主席住楼上，朱德住楼下。”

从 1927 年 10 月到 1930 年 2 月，毛泽东在八角楼住了两年零四个月。1981 年的小学《语文》第五册第一课《八角楼上》是这样描述当时情景的：“在井冈山艰苦斗争的年代，毛主席住在茅坪村的八角楼。每当夜幕降临的时候，八角楼上的灯就亮了。这是个寒冬腊月的深夜，毛主席穿着单军衣，披着薄毯子，坐在竹椅上写文章。他右手握着笔，左手轻轻地拨了拨灯芯，灯光更加明亮了。凝视这星星之火，毛主席在沉思，连毯子滑落下来也没觉察到。就在这盏油灯下，毛主席写下了许多光辉著作，指明了中国革命胜利的道路。”

谢绍国说：“八角楼不是楼是八角形，而是采光的天窗是一个八卦形，有桌子大小，上面有玻璃。楼前面的谢家祠堂就是谢家我们这一支的分祠堂，谢氏家族的总祠堂在旁边，是原来红四军的驻地。”八角楼的修建者，是谢家第十三代谢时慎，当地人称“时慎公”。

1961 年 3 月，国务院公布了《第一批全国重点文物保护单位》，八角楼和韶山冲毛主席旧居、延安、天安门、鲁迅墓、颐和园、杜甫草堂等一起，名列其中。

这就是江西井冈山茅坪谢家的故事，在血雨腥风的年代，他们家为毛主席和红军贡献了八角楼；在和平年代，他们家为中外人民的日常生活贡献了三角炉。

（本文发表于 2016 年 5 月 5 日，选自《重庆晨报》）

仲田岭革命根据地的创建及其斗争

文 / 胡茂君

在“保亭营事件”后，藤桥起义虽然遇挫，但它唤起了崖县（今三亚市）人民通过革命求解放的决心，尤其对崖三区革命人民是一次锻炼。它播下了革命的火种，为后来的革命斗争和建立仲田岭革命根据地打下了基础。

在“保亭营事件”中突围出来的陈保卿、占行城、陈儒充、陈贤德、黎学林等十几位同志潜返仲田岭，栖身于茂密的山林里，以打猎、开荒种山兰和旱稻维持生活。

而张开泰从“保亭营事件”中拼死冲出重围，身中两枪，他带着伤体辗转在深山密林里，风餐露宿，忍饥受冻，经十五天的艰苦跋涉到达陵水，找到红军第三营。组织安排他到根据地治疗，两个月后伤病痊愈。

1928 年底，张开泰返回仲田岭，同潜在岭上的同志会合，共同研究如何恢复地方工作，寻找上级党组织，建立革命根据地等问题。仲田岭位于崖县东境的藤桥、林旺地带，地处崖县、陵水、保亭三县交界处，抱山临海，地势险要，进可攻，退可守，在军事上机动回旋的余地大，是建立根据地的理想之地。

1929 年春，张开泰在万宁遇上特委派来寻找崖县失散同志的朱运泽。朱运泽带来了特委的指示，要张开泰以仲田岭为根据地恢复崖三区委、区苏维埃政府，重建武装，扩大革命力量，伺机反击敌人。张开泰带着上级的指示返回仲田岭贯彻执行，很快就恢复了中共崖三区委，张开泰任区委书记。从此，藤桥地区又在党的领导下重新掀起革命高潮。

崖三区党的组织和革命活动恢复后，首先面临三个困难：一是粮食、日用品欠缺，生活困难；二是交通不便，传递情报困难；三是经过敌人摧残后，群众心有余悸，开展工作困难。为了克服困难，顺利地开展工作，尽快建立仲田岭根据地，张开泰亲自到距仲田岭五公里的军田村，布置早期的共产党员王传禄在村里建立一个

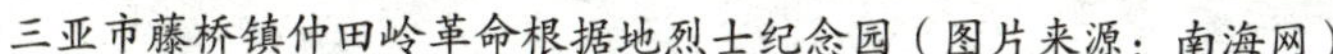
三亚市藤桥镇仲田岭革命根据地烈士纪念园（图片来源：南海网）

交通联络站，把失散的同志收拢来，重新举起革命旗帜。第二个任务是发动群众捐献粮食、物资送上仲田岭支持革命。当时，敌人封锁控制得非常严密。山上的同志最初生活特别困难，粮盐醋酱、日用品皆缺乏，只能靠地下组织发动群众一点一滴地支持。第三个任务是传递情报工作。军田交通联络站在非常困难的情况下坚持工作，为开辟仲田岭革命根据地、恢复革命武装斗争做出了许多贡献。

在仲田岭革命根据地建立初期，敌人封锁严密，岗哨林立，汉奸、侦探密布。山上同志的消息被封锁，粮食也运不进来，有时一连几天都没有一粒米下锅，只好以野菜充饥。在这艰难的日子里，张开泰带领大家依靠群众，克服困难，团结战斗。

黎亚三、黎亚妹兄妹二人是支持仲田岭革命的群众代表。在张开泰的宣传教育启发下，两人成了党的侦察员、交通员，经常给党组织提供情报，还一直暗中联系可靠群众帮助储粮、运粮、藏粮，送来了大批粮食，帮助根据地渡过难关，站稳脚跟。兄妹二人为革命艰苦战斗了三年，后来被国民党抓去。敌人软硬兼施、诱惑逼供，企图从他们口中获得共产党的情况。他们宁死不屈，始终守口如瓶，直到壮烈牺牲都没有泄露党组织和根据地的秘密。崖县革命斗争能从低潮发展到高潮，就是因为有千千万万像黎亚三、黎亚妹这样的革命群众的支持。

（本文发表于 2016 年 7 月 7 日，选自《三亚日报》）

乌蒙磅礴走泥丸

——红二、红六军团与黔西北根据地史实纪略

文 / 吴剑南

毕节位于贵州西北部，地处川、滇、黔三省结合部。

毕节人民具有光荣的革命传统。在中国共产党领导各族人民开展的空前伟大、艰苦卓绝的长期革命斗争中，毕节也留下了她的光辉足迹，写下了可歌可泣的篇章。

一

1935 年至 1936 年期间，中央红军和红二、红六军团先后到达黔西北。特别是 1936 年 2 月，红二、红六军团到达毕节，根据中央军委电令，在黔西北创立了革命根据地，成立了长征途中唯一的省级苏维埃政权——中华苏维埃人民共和国川滇黔省革命委员会。

在毕节，红二、红六军团开展了一系列根据地建设的革命活动。红军发动群众，建立政权，开展武装斗争，足迹遍及各地，与毕节人民建立了鱼水般的深情、血肉般的关系，以其光辉的战斗业绩，谱写了威武雄壮的诗篇。

二

1934 年 10 月，中央红军实行战略转移，开始了中国革命史和中共党史上惊天地、泣鬼神的伟大壮举——长征。在长征期间，红二、红六军团在湘鄂川黔革命根据地内，英勇作战，毙、伤敌军一万多人，前后粉碎了敌人一百多个团的围攻，牵制了追击中央红军的敌人，有力地配合了中央红军的长征。

1936 年 2 月 2 日，红二、红六军团袭占乌江上游位于贵州西部清镇和黔西两县交界的鸭池河渡口，实现了挺进黔、大、毕的第一步。3 日，红二、红六军团顺利

中华苏维埃人民共和国川滇黔省革命委员会大定（今大方县）旧址（图片来源：《毕节日报》）

进占黔西；5 日，红二、红六军团领导人在黔西召开会议，确定在黔西、大定（今大方县）、毕节建立革命根据地，创建川滇黔新苏区，红军兵分三路实行战略展开。会议还决定，结束中华苏维埃共和国湘鄂川黔省革命委员会的任务，撤销中共湘鄂川黔省委，成立中华苏维埃人民共和国川滇黔省革命委员会和中共川滇黔省委，并部署以红二军团第四师、第六师和红六军团第十七师阻击从金沙向黔西进攻的敌郝梦龄纵队和万耀煌纵队；以红二军团第五师和红六军团第十六师继续西进，夺取大定、毕节；以红六军团第十八师师部及一个营留守黔西县城，固守鸭池河渡口和滥泥沟，并且开展地方工作，以巩固占领区，做建立根据地的准备工作。6 日，解放大定；9 日，在贵州地下党的配合下占领毕节。

三

新组建的中共川滇黔省委由任弼时（任书记）、贺龙、关向应、萧克、王震、夏曦、李达、甘泗淇等人组成，中华苏维埃人民共和国川滇黔省革命委员会由贺龙任主席、陈希云代主席（因贺龙在前线指挥作战）、朱长清任副主席。

中华苏维埃人民共和国川滇黔省革命委员会毕节百花山旧址（图片来源：《毕节日报》）

1936 年 2 月 8 日，中国共产党在大定县宣告中华苏维埃人民共和国川滇黔省革命委员会成立。苏维埃川滇黔省革命委员会的建立，标志着黔西北革命根据地的形成。川滇黔省革命委员会成立后发布的《中华苏维埃人民共和国川滇黔省革命委员会布告》详细阐述了红二、红六军团来到黔、大、毕的宗旨，明确指出：“我红二、红六军团为着挽救中国之危亡，数年来与蒋介石进行不断流血的艰辛战争，此次转

贵州抗日救国军司令部旧址（图片来源：《毕节日报》）

战数千里进入川滇黔边，担负着扩大抗日反蒋的民族革命战争的神圣光荣责任，在川滇黔边创建抗日的苏维埃区域与广大抗日的红军，联合一切反日反卖国贼的势力共同挽救中华民族之危机。”同时，革命委员会宣布了八条施政方针：（一）建立抗日民族统一战线；（二）组织各级革命政权；（三）组织民众抗日武装力量；（四）取消一切苛捐杂税；（五）改善人民生活；（六）保证红军和民众的物质供给，保护、发展生产；（七）提高群众的文化教育水平；（八）惩治反革命和汉奸。根据施政方针，川滇黔省革命委员会派出武装工作队，深入到黔西北的黔西、大定、毕节、金沙、纳雍、赫章等县的城乡，发动群众建立基层革命政权组织。

之后，大定成立了拥护红军委员会，毕节建立了毕节县（今毕节市）苏维埃革命委员会。在黔西北地区建立了八个区级苏维埃临时政权和九十五个乡村苏维埃政权。加强中国共产党对地方工作的领导，建立了中共毕节地方组织——毕节中心县委，中心县委下设政治部、组织部、宣传部。在建立各级革命政权的同时，中共川滇黔省委和川滇黔省革命委员会还注意加强地方武装的建设。首先以中共贵州省工委掌握的三支武装力量（席大明、周质夫、阮俊臣部）为基础，组建了贵州抗日救国军，请出了贵州辛亥革命元老、毕节知名进步人士周素园担任贵州抗日救国军司令员，还广泛组织了地方游击武装。这些游击团、队，多则百余人，少则二十来人，共计有百余支游击团队。在王震亲自关怀下，还建立了一支苗族武装——苗族独立团。各地的“抗日救亡委员会”“抗日救国团”“抗日大同盟”“分田土改委

1936年2月，王震同志（前排左一）在毕节百花山中华苏维埃人民共和国川滇黔省革命委员会驻地接见大定苗族代表时合影（图片来源：《毕节日报》）

员会”等群众团体也纷纷成立。

各级革命政权建立后，立即宣布废除一切苛捐杂税，领导群众进行打土豪、分浮财的斗争。据不完全统计，黔西北地区共打土豪一千六百多户。通过打土豪、分浮财，改善了劳动人民的生活，激发了群众的热情。

在根据地建设中，红二、红六军团坚决执行党的抗日民族统一战线政策，广泛开展了统一战线工作，取得了很好的成效，为根据地的创建和红军战斗的胜利，发挥了积极的作用。周素园先生五十七岁高龄参加红军、北上抗日，到达陕北后受到毛泽东主席的亲切接见。

在根据地的建设中，红军认真贯彻中国共产党的民族政策，做好少数民族工作。在少数民族中，广泛宣传民族政策。红军在途经少数民族聚居地时，严明纪律，尊重各少数民族的生活习俗，不在民族聚居区的村寨打土豪等等。这些做法，使红军深受少数民族同胞的拥戴，许多少数民族同胞参加了红军游击队，为革命做出了应有的贡献。在红军政策和纪律的感召下，黔西北根据地人民踊跃支援红军，出现父子、兄弟、夫妻争相参加红军的感人场面，甚至许多地方游击团队集体加入红军。根据地参加红军的人数达五千余人。

四

黔西北根据地的发展，引起了蒋介石的恐慌和不安，亲自部署“围剿”。为了粉碎蒋介石的阴谋，红二、红六军团在黔西北领导根据地各族人民同敌军进行了艰苦卓绝的斗争。中共川滇黔省委和川滇黔省革命委员会召开各级区乡苏维埃会议，动员人民群众参加反“围剿”的战斗，各游击武装协同配合红军主力作战。经过了大小战斗四十余次，著名的战斗有黄家坝阻击战、将军山战役等。

五

红军主力实行战略转移后，国民党反动派对支持、拥护过红军的根据地各族人民进行了疯狂的报复和反攻倒算。在白色恐怖之下，革命老区的群众以各种方式同敌人进行了英勇不屈的斗争。当红军离开黔大毕时，为有利于红军主力行动，牵制敌人和继续在黔西北开展抗日反蒋武装斗争，由红二、红六军团在黔西北组建的贵州抗日救国军共三个支队除第二支队主力经过整编补充，编入红军随主力长征外，第一、第三支队和第二支队编余战士都留在当地，开展游击斗争。

六

红二、红六军团在创建黔西北革命根据地的斗争中，扩大了中国共产党和红军的影响，唤醒了人民的觉悟。红军密切联系群众，全心全意为人民服务，严格的纪律、艰苦奋斗的作风，都被广大群众传为佳话。

黔大毕地区的“干人”（穷人）极端穷困，许多人家一年到头吃不到盐，全家没有一床棉被。红军攻占黔西后，没收了土豪劣绅的盐仓、粮仓和其他财产，迅速将数十万斤食盐、粮食和布匹分给贫苦群众以救燃眉之急，深受群众欢迎。

共产党和红军的政治主张、方针、政策深入人心，红军受到人民群众的衷心拥护。红二军团五师的十四团和红六军团十七师的五十二团，都是由黔大毕地区参军的新兵组建的。黔西北革命根据地人民还组织众多的游击队、担架队、妇女队、儿童团配合红军作战，做好各项后勤工作。

红军在黔西北活动期间，十分注意开展群众宣传工作，诸如散发传单、写标语、教唱革命歌谣、编演革命戏剧和宣讲革命故事等。红军转移后，群众自发地新编了许多民间故事、歌谣，用以寄托老区人民对共产党的向往、对红军的思念、对反动派军队的仇恨和蔑视，以及对革命必将胜利、“干人”定能翻身的信念。这些革命故事和歌谣在黔西北各族人民中秘密流传，影响深远而广泛。

红军在黔西北用生命和鲜血建树的丰功伟绩、留给的精神财富、结下的鱼水深情、播下的革命火种，一直鼓舞黔西北人民克服困难，奋勇前进。黔西北人民将永远铭记跟红军一起战斗的峥嵘岁月，缅怀先烈，继承和发扬革命传统。

（本文发表于 2016 年 4 月 17 日，选自《毕节日报》，有删节）

红色照金　西北革命烽火燎原地

文 / 张海鹏　裴　明

照金位于铜川新区西北部四十余公里处，地处桥山山脉南端，与耀县（今耀州区）、淳化、旬邑三县交界。它北倚子午岭，南俯渭北高原，东临咸榆大道，西接陕甘腹地。境内险峰林立，沟壑交错。土地革命战争时期，照金是国民党统治力量薄弱区，进可夺取渭北，威胁国民党在西北的统治中心——西安，退可据险固守，灵活机动性非常大，堪称得天独厚的游击战争活动区，是建立根据地的理想之地。

红二十六军第二团建立

二十世纪二三十年代，国民党耀县政府在照金建立了严密的保甲民团系统，将照金当时的十七个村，分为南八北九共十七个保，并在中心地带设立了一个武装民团，由当地劣绅张彦宁任团长。张彦宁民团在照金乡村横行霸道，军阀部队也常以“剿匪”为名骚扰老百姓。1931 年 11 月的一天，飘着大雪，十几个扛着枪的人进入了照金镇芋园村。村民们吓得东躲西藏，以为是土匪来了。据耀州区党史办记载的一位经历此事的村民说：“当天中午，我打了一锅搅团，刚把饭做好就听说梁子（土匪）来了，全家吓得连饭也顾不上吃就往外跑。回来后，发现一锅搅团吃完了，一缸酸菜也吃没了，但家里别的东西都没动，鸡蛋一个都没少，桌子上还放着钱。后来才知道吃饭的是红军，我们也是第一次见吃饭给钱的队伍。”

1932 年 2 月 20 日，元宵节，刘志丹、谢子长率领红军陕甘游击队秘密进入照金。夜晚，游击队趁街头闹社火之际，将正在划酒猜拳、狂欢作乐的当地民团包围缴械。此后，便在照金周边宣传革命道理，发动群众，打土豪、分田地，传播革命火种，拉开了创建照金苏区的序幕。同年，两当起义失败后，习仲勋秘密回到富平。当他得知刘志丹、谢子长领导的红军游击队在照金一带活动时，便推着独轮车载着盐，以换粮为掩护辗转来到照金。8 月，在照金杨柳坪，习仲勋先后与谢子长、刘志丹亲切会面。同年秋，刘志丹指示李妙斋留在芋园村发动群众，扩大影响，开展地方工作。李妙斋白天以做木工零活为掩护，晚上走村串户，向群众宣传革命道理，发展农民党员，秘密购置枪支弹药，于1932年10月组建起照金地区第一支农民武装——芋园游击队（四十余人），芋园村也因此成为照金最早"闹红"的地方。

为了创建陕甘边革命根据地，中共中央和陕西省委做出了一系列决策，1932年8月1日，中共中央给陕西省委发来指示信，重申了中央关于创立正式红军和陕甘边新苏区的决定。1932年12月20日，省委常委杜衡宣布中共陕西省委改编陕甘游击队为中国工农红军第二十六军第二团的决定。杜衡任军政委兼团政委，王世泰任团长。12月24日，部队在宜君县（今旬邑县）转角镇正式举行改编授旗仪式。

红二十六军第二团是我党在西北地区组建的第一支由中央授予番号的红军部队，标志着陕甘边军事斗争进入了一个新的发展时期。

陕甘边革命根据地初步形成

为了创建和发展照金根据地，陕甘边党政军组织机构相继在照金建立。

1933年3月8日，中共陕甘边区特别委员会在照金兔儿梁成立，书记金理科。同时特委军事委员会成立，军委书记为习仲勋。特委还统一领导旬邑县委和耀县县委，在艰苦的革命斗争中形成了坚强核心。

3月中旬，陕甘边区游击队总指挥部在兔儿梁组建，李妙斋任总指挥，习仲勋任政委，统一领导照金地区各地方游击队。在以后的战斗中，游击队通常采用一种"麻雀战术"，声东击西，巧妙地与敌人周旋。当年群众中流传着这样的顺口溜："游击队游击队，敌人来了关门睡，敌人走了开大会，夜里打白天睡，遇弱打遇强退。"可以说照金推出的"麻雀战术"就是毛泽东主席提出"十六字方针"运动战的雏形。

1933年春，陕甘边特委和革委会依据中华苏维埃政府《土地法》，在照金苏区芋园、秀房沟等乡村开展分粮分地运动。将没收的土地分给贫苦百姓，实现了"耕者有其田"；打开地主和香山寺的粮仓，群众感激地称分得的粮食是"救命粮"。通过分粮分地运动，极大地激发了群众的革命热情。他们积极响应"扩红"，踊跃参军，军民团结亲如一家，根据地呈现出一派蓬勃发展的喜人景象。

4月5日，中共陕甘边特委在兔儿梁召开了陕甘边区第一次工农兵代表大会，因为当时参会的代表多数不识字，选举采取了简单有效的投豆得票办法。代表们说："金豆豆，银豆豆，颗颗不能随便丢；选好人，办好事，投在好人碗里头。"最后选举产生了陕甘边区革命委员会，雇农代表周冬至被选为主席，习仲勋当选为副主席。至此，以照金为中心的陕甘边革命根据地初步形成，这是我党在极端艰苦的条件下创建的中国北方第一块建制完备的革命根据地。

山顶上的革命指挥部

薛家寨距照金镇约五公里，海拔一千六百余米，山势险峻，绝壁如刀劈斧砍，直上直下，是典型的易守难攻地形，自古以来就是兵家必争的军事要地。靠近山顶的崖壁上依次横贯着四个浑然天成的寨洞，大洞能容上百人、小洞能容几十人。陕甘边革命根据地在新生红色政权的领导下，开创了蓬勃发展的新局面。1933 年春夏之际，陕甘边区党政军组织机构迁入红军大本营——薛家寨，薛家寨成为根据地的政治、经济、军事中心和红军游击队的后方基地。

为了保障边区及部队的作战与军需，根据地军民整修崖洞，改造山寨，修筑工事。分别在一号寨子设立哨卡，驻守游击队第一、第三支队。二号寨子设立红军医院和被服厂，妇女游击队员边照料伤病员，边缝制棉被军衣。三号寨子是兵工厂，游击队员在此修造枪械，配制炸药，当时自制出照金独有的“麻辫手榴弹”，威力极强。四号寨子是指挥部和后勤仓库所在地，驻扎了陕甘边区党、政、军领导机关，当年刘志丹、习仲勋等同志就经常在这里研究部署边区工作。

薛家寨曾是根据地的政治、经济、军事中心和红军游击队的后方基地（图片来源：《西安晚报》）

建设山寨的时候，当地农会主任杨玉财动员群众上山打堞墙，群众的热情很高。杨玉财曾回忆：“寨洞周围全是石头，没有土，村民们就一篮一篮地从山下担土，一夯一夯地打实。红军对村民也很照顾，还付了工钱。”当时从西安兵工厂等地的很多人来到薛家寨修械所工作，后来人员壮大到几十人，就把修械所改成了兵工厂。当时红军缺少枪支弹药，不但有的枪支早就该淘汰，很多战士还拿着大刀、长矛、铁叉去打仗。修械所及后来的兵工厂为红军枪支弹药提供了强有力的保障。

薛家寨保卫战

国民党军队和地方民团屡犯照金苏区，根据地军民奋力还击，引起了国民党当局的注意，蒋介石多次电令西安绥靖公署，限期攻克薛家寨。薛家寨保卫战打响了。

1933 年 9 月 21 日，国民党军刘文伯部十七路军以一个团及一个炮兵营的兵力，并纠集耀县夏老幺、雷天一民团和淳化、旬邑、宜君、同官县民团千余人，趁红军主力转入外线作战之际，勾结叛徒陈克敏率部向照金苏区发动疯狂“围剿”。当时薛家寨仅有边区革委会政治保卫队留守。危急时刻，习仲勋动员修械所、被服厂、红军医院的干部、工人及后勤人员一百多人拿起武器投入战斗。游击队据险固守，巧布地雷，以修械所研制的“麻辫手榴弹”和滚石等武器顽强抗击，一次次打退敌人的进攻。随后，李妙斋、张秀山率领游击队主力赶回薛家寨，投入战斗。

战斗持续到下午，敌人狼狈溃退，取得了保卫薛家寨战斗的第一次胜利。但是游击队总指挥李妙斋在这次战斗中不幸中弹牺牲，年仅三十岁，和李妙斋一同牺牲的还有他的警卫员武功。

1933 年 10 月 12 日，国民党以杨子恒为总指挥，派出四个正规团及周围各县民团数千人，携带大炮等重型武器，向照金苏区发起更大规模的“围剿”。薛家寨的红军官兵，团结一致，奋起反抗，屡次获胜。在强攻不成的情况下，国民党实施了偷袭。10 月 15 日夜，叛徒陈克敏带领敌军从后山崾岘一条陡峭的石缝间攀上防守阵地，薛家寨被突破。游击队在腹背受敌的危急情况下，边区党政军领导人果断做出决定：“保存实力、分路突围”，后向北转移到甘肃南梁一带。

敌人占领薛家寨后，纵兵劫掠，大肆蹂躏。他们把从箭穿崖上抓住的游击队员段羊从悬崖上推下摔死，并残杀了大批未来得及转移的战士和伤员，还挖出了李妙斋、武功两位烈士的遗体，在阳光下暴晒。山寨里还有红军医院、被服厂的多名女红军来不及撤退，其中大多数是十七八岁的姑娘，在无路可退的情况下，这些年轻的女红军战士站在悬崖边纵身跳下，没有一个人投降。

随后，反动民团和逃亡地主纷纷反攻倒算，进行报复，残酷杀害了陕甘边革命委员会主席周冬至、土地委员王满堂和六十多名农会积极分子。苏区陷入一片白色恐怖之中。但是，敌人的屠刀吓不倒革命者，照金特委留下一部分人员在照金地区继续战斗，其余部队北上甘肃，与主力红军会合。

薛家寨失守后，革命中心被迫转移到甘肃南梁地区。老红军潘西顺的儿子潘权民告诉笔者，据他父亲的回忆，潘权民的两个亲伯父就在薛家寨保卫战中牺牲。

部队转移后，在很长一段时间内照金仍然是工作的重心，潘西顺那时候就承担送信、押解等任务。从照金到部队驻地的山梁上有条小路，潘西顺老人跑了不知道多少趟。北梁村会计畅忠信说，薛家寨失守后，国民党收到消息，红军曾在陈家坡开会，就在陈家坡派驻了一个搜索排抓共产党。当时北梁村的一个酒坊就是红军当时的交通站，是传递消息和物品的重要中转点，后来被国民党发觉后弃用。

1933 年冬，党在照金陈克敏民团内部成功组织了暴动，彻底摧毁了这股反动武装。1934 年夏，红四十二师经常到照金地区活动，极大地鼓舞了革命群众的斗志，党的基层组织和群众武装组织逐步得到恢复和巩固，群众革命斗争又如火如荼地发展起来。自此，照金地区成为陕甘边根据地南区的一个主要区域，一直坚持到中华人民共和国成立。

（本文发表于 2016 年 10 月 14 日，选自《西安晚报》）

细数红石头沟村抗日风云
豫西抗日根据地中流砥柱

文/刘俊苗　许克聪　席　旭

“红石头沟石头红，山高水长埋火种，利刀砍石石更硬，腥风吹火火更熊。”这是豫西抗日独立先遣支队副政委兼政治部主任郭林祥所著的《劲旅一支出太行》一书中，对抗日战争时期的豫西抗日根据地红石头沟的赞誉。而登封市君召乡红石头沟则作为豫西抗日根据地中心之一被历史留存。

红石头沟内点燃豫西抗日战争的烽火

1944 年春，日寇发动河南战役，皮定均司令员、徐子荣政委带领一个支队挺进豫西嵩山大苦峰下的红石头沟村，第一个驻足地在这里开辟，为豫西抗日根据地谱写出许多惊天地、泣鬼神的不朽篇章。当年 9 月 6 日，以皮定均、徐子荣为领导的豫西抗日独立支队，从豫北林县郭家园誓师出发。9 月 21 日到达济源县（今济源市）河清渡口，在王屋山下的东西蓼郭，凭着四条旧船，夜渡黄河，越陇海、涉伊洛，折向东，朝着预定目的地——嵩山挺进，一路攻城夺寨，所向披靡。9 月 29 日胜利抵达嵩山西红石头沟，支队司令部驻扎在农民吴福禄家。

豫西抗日斗争的烽火，在这里点燃，并形成了燎原之势。

红石头沟根据地优势明显

抗日独立支队选定红石头沟〔登封县（今登封市）君召乡嵩山大苦峰南麓〕和佛光峪（偃师县东南大苦峰北麓，和红石头沟一岭之隔）作为开展豫西抗日斗争的根据地优势明显。红石头沟和佛光峪位于登封、偃师和伊川三县接合部，属嵩山腹地，距日寇盘踞的郑州、洛阳、登封和偃师县城较远，日伪反动统治力量比较薄

豫西抗日纪念馆（图片来源：映象网）

弱。红石头沟，一沟九曲，岭壑环跨，进可以攻，退可以守，适宜抗日游击活动。

另外，此处群众基础好。这里人民生活贫穷，刚烈强悍，尚豪侠、重义气，痛恨残暴，勇于反抗。而且，这里工作基础也好。1938 年洛阳八中暑期抗日宣传队在颍阳、君召等地进行抗日宣传，到 1938 年底，党员已发展到三千多名，号召力强。日本侵占登封的战斗和日伪反动势力的所作所为，让这里的人民渴求解放。

燎原之势燃烧嵩箕大地

独立支队在进军途中，砍掉了从洛阳尾追的日军，抵达红石头沟以后，立即展开了夜袭登封飞机场、挥师白栗坪、北进佛光峪、争取裴子明等重大军事行动，很快形成了以红石头沟、白栗坪和佛光峪为中心，登封、偃师和伊川县接合部为基础的嵩山抗日根据地的雏形。豫西抗日斗争的连天烽火，开始以燎原之势，燃遍了嵩箕大地，为以后豫西抗日根据地的巩固扩大，为抗日干部的培养和部队休整，奠定了牢固的基础。

发展抗日武装力量

建立抗日根据地的根本任务是组织发展抗日武装力量，打击和消灭日本侵略势力，保卫和巩固抗日政权和人民所得到的胜利果实。1945 年 8 月 15 日，日本宣布投降后，红石头沟地区的抗日军民扛长矛、背大刀、扬眉吐气地在君召街举行了万人大会。独立支队在短短一年时间里，建立了两个专署、十一个县级抗日政权、九个抗日独立团。1945 年春，河南军区进驻抗日根据地，培养了大批抗日骨干力量，支队兵力由一千七百多人发展到近万人，扩大了抗日民族统一战线，收复了一万多平方公里的国土。

党中央、国务院对嵩箕抗日根据地人民在抗日战争中做出的牺牲和贡献，给予了高度赞扬和亲切关怀，1950 年刘潇然、党锋同志率领老根据地慰问团送来毛主席为抗日根据地的题词：“发扬革命传统，争取更大光荣”。

延伸阅读

1944 年到 1945 年，皮定均和徐子荣领导的独立支队和广大人民群众，在这里进行了大量的抗日斗争活动。

砍尾巴战斗

1944 年 9 月 29 日凌晨，在挺进嵩山进军的途中，从洛阳尾随而来六百多名日伪军，在王化沟李洼村被我军伏击聚歼。同时，地下党员甄德宽同志带领地方武装，消灭了驻扎在颍阳镇的日、伪小分队，首战告捷，为支队挺进红石头沟，建立豫西抗日根据地举行了奠基礼。

夜袭飞机场

支队司令部到达红石头沟后，听到群众反映：日本为了继续扩大侵华战争，控制人民反抗，强征登封、密县、巩县（今巩义市）和偃师等地万余名民工，在登封城西修建飞机场。支队首长决定于当年农历八月十四日晚派兵袭击日军飞机场。月色下，战士们剪断铁丝网，冲杀射击，日伪军乱作一团，万余名民工得以解放。

挥师白栗坪

为了适应抗日战争的需要，支队到红石头沟后，又绕过登封城日军据点，沿颍河南的伏牛山向东进入白栗坪，开创箕山抗日根据地。

奇袭佛光峪

独立支队在红石头沟、佛光峪的抗日活动，引起了日寇的极大不安，在佛光峪驻扎了一百多个日伪军。1944 年 12 月初，支队决定奇袭佛光峪。一天午夜，突击班进入日伪据点，爬上佛光寺房顶，揭开瓦片，向屋内射击、扔弹，又在寺院墙上，挖了一个窟窿，冲入院中，用特制的三合粉（石灰、草木灰、辣椒面）向院中抖撒，最终一百多个敌人全部被歼。接着又消灭了外出“扫荡”归来的数十名鬼子。经过此次战斗，迫使日寇头目梅协部撤离佛光峪，稳定和巩固了红石头沟和佛光峪根据地。

攻打石道镇

石道镇位于红石头沟正南五公里处。日伪军在那里安插了一个钉子，妄图切断红石头沟军民同白栗坪等地的联系。一天下午，我军侦察到石道寨内住着一百多个日伪军，决定晚上攻打。红石头沟的民兵抬云梯、运子弹，战斗一开始，发现敌情有变化：原来天快黑时，从临汝来了三百多个日军，临时宿营寨内。最终，消灭敌人八十余个，我军伤亡二十余人。现今石道西的烈士陵园就是为此次战斗牺牲的烈士所建。

保护爱国将领黄宇宙

黄宇宙领导和指挥过著名的水冶起义，是一位爱国抗日将领。1944 年冬来到红石沟，住在水磨湾黄让梨家，受到皮定均司令员的厚待。后由支队政治部副主任孔祥祯将他送到太行军区。1993 年登封党史办找他调查、获取材料，他还给黄让梨家带信，向红石头沟人民表示慰问和感谢。

（本文发表于 2016 年 1 月 21 日，选自《郑州日报》）

群山中的敌后抗日根据地

文 / 马骥远

广东人民抗日游击队第三大队大队部旧址（图片来源：东莞党史网）

1940年，广东人民抗日游击队进军海陆丰遭遇失利后，根据中央指示，回师惠东宝（惠阳、东莞、宝安）地区，开展敌后游击作战。当年9月中旬，中共东江前方特别委员会（简称“中共前东特委”）在宝安县布吉乡上下坪村召开部队干部会议，总结了东移海陆丰失败的教训，决定坚持在惠东宝地区开展独立自主的游击战争，放手发动群众，武装群众，开辟敌后抗日根据地。

广东人民抗日游击队第三大队大家团结报社旧址（图片来源：东莞党史网）

会议决定队伍由东江人民抗日武装改称“广东人民抗日游击队”，一部由曾生、邬强率领，进军东莞大岭山，开辟大岭山抗日根据地，是为广东人民抗日游击队第三大队；另一部由王作尧率领，进军宝安阳台山（今羊台山），建立阳台山抗日根据地，是为广东人民抗日游击队第五大队。这两支部队经常协同作战，后来成为1943年底成立的东江纵队的主力。

星星之火，可以燎原。当时进军大岭山的游击战士仅仅七十多人，进军阳台山的只有三十余人。正如毛泽东在《论持久战》中所言：

“兵民是胜利之本。”这一百多名战士如同一百多颗种子，立即“在人民中间生根开花”，迅速发展到数百人、上千人，屡次挫败日军进犯，使大岭山抗日根据地声威大震。两个根据地互为支撑，逐渐连成一片。在那抗日战争最艰苦的相持阶段，大岭山、阳台山艰苦卓绝的武装斗争，给东江流域沦于日寇铁蹄之下的民众极大的激励与鼓舞，也有力地牵制了驻广东日军对太平洋战场的支持和策应。

广东人民抗日游击队第三大队会议室旧址（图片来源：东莞党史网）

今天，在东莞市大岭山镇大王岭村，东江纵队纪念馆巍然屹立。纪念馆馆区，主体建筑具有抗战时期岭南客家村落的建筑风格，陈列内容紧扣世界反法西斯战争和中国抗日战争，系统地展示了东江纵队为了民族的解放事业浴血奋战的光辉历程。

你在大岭山能够看到的，不仅仅是一个纪念馆。大岭山是当时广东人民抗日游击队第三大队的队部所在地，也是广东敌后抗日游击战争的指挥中枢。今天，大岭山仍然保留着第三大队机关所在地的建筑群体（部分属于重建），一个敌后抗日民主政权机关的原貌，完整地呈现在人们的面前。

广东人民抗日游击队第三大队交通站旧址（图片来源：东莞党史网）

广东人民抗日游击队第三大队大队部旧址，是一座泥砖民房（系原貌重建）。1940年9月，中共东江特委决定，广东敌后抗日游击战的领导中心设在东莞。这里，不仅是第三大队的指挥部，也是广东敌后抗日游击战的指挥中枢。

广东人民抗日游击队第三大队会议室旧址是一座清代刘氏宗祠，三开间两进四合院式布局。1940年10月至1941年10月，广东人民抗日游击队领导人林平、梁鸿钧与第三大队负责人曾生、邬强和卢伟良等，经常在此开会，研究部队和抗日根据地的建设，讨论敌后游击战争的战略战术等问题。

广东人民抗日游击队主办的大家团结报社旧址也在这里。1941 年 1 月创刊的《大家团结》，是抗战时期广东敌后地区第一份革命报纸。报社配有一部电台，接收国内外主要通讯社消息，每周出版一期，主要报道国内重大新闻及世界反法西斯战争的战况。

广东人民抗日游击队第三大队交通站旧址也是一座泥砖民房。1941 年 10 月，游击队为避敌锋芒暂时转为外线作战。为保持部队之间以及部队与地方中共组织的联系，在此以小商店作掩护设立交通站，秘密开展交通联络工作。谍战剧中地下党员接头对暗语的一幕，在这里曾无数次上演。

游击队的操场、粮食加工厂、医务所的旧址，也散落在村子的各个角落。行走其间，似乎穿行在时空隧道，当年的抗日战士就是在如此艰难的物质条件下，与武装到牙齿的日寇周旋，越战越勇，越战越强，怎能不令人肃然起敬！

（本文发表于 2015 年 8 月 12 日，选自《晶报》）

大庄科：平北抗战根据地

文 / 于丽爽

延庆县（今北京延庆区）大庄科乡丘陵起伏、林木茂盛，民风淳朴。七十多年前，平北抗日根据地第一个立足点就建在这里，在霹破石村成立了抗日民主政权——昌延联合县政府。以此为开端，平北抗日根据地得以巩固发展，将平西和冀东两大根据地连接起来。

1983 年，原平北地委书记、平北军分区政治委员段苏权（左一）到延庆看望杨金花（左二）（图片来源：《北京日报》）

过十三陵沿昌赤路一直向北，导航仪上的路线像肠子一般九曲十八弯。兜兜转转来到山顶，路边五个鲜红的大字——“延庆欢迎您”映入眼帘。我们就进入大庄科乡境内了。

下山还是盘山路，到了平地，左转继续往山沟里开，乡村路的两侧开满鲜花。走了不知多远，路边开阔处露出一块石碑，写着“昌延联合县政府旧址”，霹破石村到了。

“八路军到平北建根据地，第一个落脚点选这儿，因为这里偏僻、山多，适合开展游击战争。”等在村口的平北抗日战争纪念馆馆长高德强说，“你来的这条路是条沟，共有七个村，里长沟、慈母川、董家沟、景而沟、沙塘沟、铁炉村，加上霹破石，合称‘后七村’，当年，八路军建设平北抗日根据地，就从这里开始。”

当时，这里是伪满洲国、伪蒙疆政府、伪华北政府三个傀儡政权的交界处，日军和伪满军、伪蒙疆队、伪治安军四股军事力量时不时就来烧杀抢掠，百姓日思夜盼共产党和八路军早日来到。

平北是连接平西和冀东两大抗日根据地的交通要道。1939 年，冀热察区党委和挺进军军政委员会根据晋察冀中央分局的决定，经过充分讨论，确定了“巩固平西、坚持冀东、发展平北”三位一体的战略任务。

挺进平北、建立抗日根据地势在必行。但八路军曾两次挺进平北，都没站住脚。

在反“蚕食”斗争中，八路军利用交通沟接近敌人（图片来源:《北京日报》）

1938 年 5 月，中共中央军委为支持冀东人民抗日大暴动，命令八路军第四纵队由宋时轮司令员、邓华政委率领，迅速挺进冀东。部队分两路东进，北线经延庆县康庄镇、延庆镇、永宁镇进入四海镇和怀柔区；南线经延庆县青龙桥、昌平十三陵进入昌平北部、延庆南部山区。南线经过“后七村”，比北线更近。

为开辟和控制这条交通走廊，八路军留下了部分队伍，就地宣传抗日救国，秘密发展共产党员，建立游击队。

1938 年 10 月，支援冀东暴动的部队相继撤回平西整训。因斗争环境严酷，1939 年 4 月，留在大庄科地区的地方工委也奉命撤回平西。八路军第一次挺进平北失败。

1939 年春，八路军第四纵队派三十四大队和蓟遵兴游击队第一支队二进平北。但在昌平北山和延庆南山一带，受到伪满洲军和土匪的两面夹击，给养难以解决，加上没有建立根据地的明确任务，只坚持了一个多月，再次撤回平西。

“八路军两次挺进平北虽然最后都撤走了，但在当地播下了革命的种子，也唤醒了人民的觉悟，抗日烽火已经在这里点燃。”高德强说。1939 年底，中共平北工作委员会在平西成立，并组成了昌延联合县政府领导班子，决定第三次挺进平北。

1940 年 1 月 5 日傍晚，一支队伍经过几天艰苦行军，抵达霹破石村。这支队伍就是昌延联合县的地方干部，他们进驻霹破石，即宣告昌延联合县政府正式成立。这是决定开辟平北根据地之后建立的第一个联合县政府。胡瑛任县长，张子丰任民政科长，杨俊廷任财粮科长。

2009 年，大庄科乡政府对昌延联合县政府旧址进行了修复，原县长、县委书记住处以及民政科、财粮科、实业科、联络科、公安科等旧址原貌重现，还原了当年

战斗、生活的场景。

走在霹破石村，“扫荡倭寇还我河山”“艰苦奋斗　自力更生”……道路两侧的土坯墙上还能看到当年的抗日标语和口号，让人仿佛回到了那战火纷飞的岁月。

“当时敌人以为就是小股八路、过路游击，或者是外线作战，没有组织力量攻击我们，抗日力量在当地迅速发展。”高德强介绍，经过四个月就建起五个行政区有抗日工作的村落达五十多个，发展党员三百三十一人，地方武装建起三个游击队，各村还陆续组建了抗日救国会、抗日自卫军、工人抗日救国会、青年抗日救国会、妇女抗日救国会等。

八路军的活动终于引起日伪军注意。1940 年 5 月开始，敌人集结了五千多兵力，对昌延地区进行拉网式大“扫荡”。

“此后，每年春、夏、秋、冬都要进行‘扫荡’，北面的向南、南面的向北，像梳头发一样，有的村一年被烧好几次。”高德强说，1941 年 8 月以后，特别是 1942 年，敌人实行了惨无人道的“三光”政策。一些党员、干部被杀、被捕，还有一些不坚定的党员脱离组织，有的投敌叛变，一些抗日积极的百姓也受到打击迫害，昌延根据地处于极其困难的时期。

“这一时期，昌延县委一方面加强党内思想建设和整风运动，纠正了对敌斗争方面一些右倾思想和统一战线方面的片面性，以及在组织方面的分散主义和宗派主义；同时积极开展武装斗争，并积极进行锄奸、反特、惩治叛徒的斗争。”曾在昌延县委任秘书的老八路靳子川在回忆文章中写道。

经过艰苦卓绝的斗争，到 1944 年底，昌延 242 个行政村，建起了 107 个党支部，党员发展到 1200 余人。1945 年，仅延庆县 246 个行政村就建起 138 个党支部，党员发展到 2156 人。

1945 年 8 月 23 日，八路军以平西、平北、冀东抗日根据地的主力军十团和四十团为主力，从日军手中解放了张家口，使其成为我军解放的第一个省会城市，轰动了延安，轰动了全中国。

今天的大庄科，山清水秀。依托良好的生态资源，全乡正在建设“冰川绿谷”沟域经济产业带，发展乡村旅游。“红色遗迹”也成为大庄科的名片，吸引着来自全国各地的观众来此参观，缅怀先烈。老区人民不怕牺牲、艰苦奋斗的精神，将永远激励后来人。

（本文发表于 2015 年 8 月 18 日，选自《北京日报》）

京门烽火

文 / 萧文玖　李水清　纪亭榭

卢沟桥事变爆发后不久，就在北京（当时称北平）西郊，以部分中国共产党地下党员和部分工农红军为骨干，逐步发展起一支八路军队伍，建立了平西根据地，把抗日的烽火一直燃烧到古都门前。

平西抗日根据地，东临平汉路，西濒小五台山，北起张家口及平绥路，南至易水河、紫荆关，地跨昌平、宛平、良乡、房山、涿县、涞水、怀来涿鹿、蔚县、宣化等县。这个地区既是我晋察冀抗日根据地北岳区东北方面之屏障；又是我军挺进平北、冀东之出发阵地和后方基地。平西抗日根据地的创建，直接威胁侵华日军华北方面军司令部、伪华北政务委员会所在地——北平，以及伪蒙古联盟自治政府所在地——张家口。平西抗日根据地，如一把锋利的钢刀，直插敌人心脏。因此，日军视平西抗日根据地为心腹之患，屡调重兵“扫荡”，并施以“蚕食”、封锁和“囚笼”政策、“三光”政策，妄图摧毁平西抗日根据地。正由于平西的特殊环境，决定了平西军民之对敌斗争异常尖锐复杂，战斗十分频繁和激烈。

奋起抗日，创建平西根据地

1937 年 7 月，日本发动全面侵华战争，北平随即沦陷。中国共产党中央北方局指示北平党组织及在北平的中共东北特别委员会，组织抗日武装。恰在这时，在平西的赵同率残部，找我党求援。赵同原是东北大学学生、国社党党员、青年党党员。七七事变后，赵同在北平联络昌平白羊城民团团总汤万宁，组织起一支二十余人的小部队。在当时的特定条件下，我党决定利用赵同部建立我党的抗日游击武装。中共北平市委和东北特委很快派去了数批共产党员、进步学生和部分参加过西安事变的原东北军学兵队队员，短短几天内部队就扩大到五六十人，其中由我党动员出来的青年占半数。因成员多半是学生，群众亲切地称他们为“学生军”。

“学生军”急需扩大队伍，寻找武器。一天，有一个在北平德胜门外“河北省第二监狱”当门房的群众来报告：“监狱里有三挺机枪、三十多支杂牌步枪，十多支手枪；被关押的七八百名犯人中，有七八十个是共产党员。看守人员共有六十个，力量薄弱，人心浮动。”“学生军”领导人商定：奇袭“第二监狱”，夺取枪支，救出“犯人”，扩大队伍。

部队经过简短的准备，于8月22日20时出发。由假装日军军官的吴靖宇，骗开了监狱大门。部队冲进了监狱，收缴了枪支，砸开了牢门，救出了“犯人”。在铁狮子坟附近树林中，经过动员，被救出的人，绝大多数参加了“学生军”。这之后城里城外不断有人参军，流散的国民党军、保安队人员也来归附，整个部队骤然增至六七百人。鉴于部队成分复杂、纪律松弛，还有赵同擅权，在部队中搞小团伙，我党通过艰苦工作，对部队进行了整顿。部队正式命名为国民抗日军，国民抗日军下辖三个总队设立军政委员会，凡重大事项均需军政委员会通过。担任司令的赵同，权力相对削弱，党的领导力量逐渐加强。

9月8日，国民抗日军在黑山县与日军遭遇。经顽强抗击，毙、伤日军几十名并击落敌机一架，战至黄昏我部队安全转移。不久后，赵同的舅父、第一总队队长任福祥，阴谋杀害我党骨干分子并拉走部队。被发觉后，赵同在不得已的情况下，将任氏一家驱逐出部队。接着，军政委员会任命纪亭榭为国民抗日军第一总队队长，陈大凡为副大队长，党开始在第一总队树立牢固的领导；继而又向第三总队派出一批党员干部，以加强这个总队的领导。10月上旬，日军又调集数千名兵力，在十余架飞机的配合下，向国民抗日军驻地妙峰山、阳坊地区发起围攻。部队接到北平地下党送出的情报后，立即转移到昌平西山大村、镇边城地区。后派人与宛平地方党取得联系，部队开进斋堂川。这里党的基础好，回旋地区大，便于部队发展。10月底，八路军总部派吴伟、赖富等十二名同志，来到国民抗日军，帮助部队建设并负责与八路军联络。当部队的党员和积极分子看到他们带来的朱德总司令和彭德怀副总司令亲笔签署的长信时，受到了极大的鼓舞。11月上旬，国民抗日军与在河北涞源地区活动的八路军一一五师独立团取得联系，被服、弹药得到补充。这时部队约有两千余人。随后接到晋察冀军区聂荣臻司令员兼政治委员的命令，部队开赴河北阜平整训与扩军，聂司令员亲自接见赵同、高鹏等。整训期间，军区参谋长唐延杰、政治部主任舒同均到部队讲课；组织部部长王宗槐经常到部队帮助开展工作。12月25日，国民抗日军正式改编为晋察冀军区第五支队，司令赵同、副司令高鹏，负责平西根据地发展工作。1938年4月下旬，第五支队奉命返回平西。

在国民抗日军调阜平整训期间，晋察冀军区第一军分区政委邓华奉命于1938

年 3 月初率从第一分区抽调的部队，挺进平西，连克矾山堡、金水口、门头沟等敌人据点，直达北平郊区，解放了十余万人口的广大地区。同时派出大批干部，协助地方党发动群众、建立政权，部队迅速扩大。5 月，八路军第一二〇师宋时轮支队奉命来到平西，与邓华部合编为八路军第四纵队，配合冀东人民抗日武装大起义，挺进冀东。第五支队为配合第四纵队东进。主动出击，牵制敌人，分别袭击了南口、石景山、阳坊、温泉、门头沟等敌人据点，并一度攻入了石景山发电厂。7 月下旬，赵同个人野心恶性膨胀，接受了蒋介石的委任状，仅带他的亲信十余人叛逃。8 月，第五支队奉晋察冀军区命令与第一支队合编，高鹏被任命为副司令员，第五支队的战斗部队编为第一支队的第三团，纪亭榭任团长，袁升平任政委，王建中任政治处主任。日军趁我主力部队东进之机，对平西大举进攻，一些土匪、杂色武装，也趁机抢掠群众，平西根据地的工作，遭到很大破坏。10 月，我第四纵队返回平西，立即开始了恢复与扩大根据地的工作，消灭和收编了数股土匪、杂色武装，协助地方党重建了党的基层组织。随着斗争的开展，在平西成立了晋察冀边区第四行政专员公署（1940 年春，改为第六专署），建立了宛平、涞（水）琢（县）、房（山）良（乡）、宣（化）涿（鹿）怀（来）四个县政府。不久又开辟了永定河北岸地区，建立了昌（平）延（庆）县政府。这时，平西部队已实际上控制了东起长辛店，西到紫荆关，南起高碑店，北到蔚县、宣化、怀来、琢鹿的大片地区。平西抗日根据地与晋察冀第一分区紧密相连，进一步得到扩大和巩固，部队也更壮大了。1939 年 2 月，在平西成立冀热察挺进军和中共冀热察区党委，统一领导平西、平北和冀东的军事工作、政治斗争，平西部队编入冀热察挺进军。同年秋，平西部队进行了整编，组成第六、第七、第九、第十团和两个游击支队，共一万余人。

平西根据地的巩固和发展，引起了日军极大的注意。1939 年 2 月至 6 月，日军对平西连续进行了三次“扫荡”，都被我部队粉碎。接着，我平西地区部队和地方武装进行了几次整编。各主力团和部分地方游击队，都进行了将近三个月的政治、军事训练，战斗力逐渐增强。1939 年冬，我第九团在房山发起了南北窑战斗，全团与敌激战一昼夜，攻克北窑、沱里、红煤厂三个敌人据点，炸毁敌人水力发电站和从佗里到红煤厂的高空运煤线；接着又发起了涧岭阻击战。不用几天工夫，我军横扫河套沟，解放了几十个村镇。1940 年 1 月，我主力一部出击宛平、房山境内的王平口、佛子庄、长沟峪、周口店一线，袭占了南北窑等敌人重要据点，毙、伤、俘日军和伪军两百余人。为了开展永定河以北地区工作，一部分部队袭占了怀来化庄、水头、庙港、大山口、十八家和北平近郊阳坊等地，歼灭了当地的土匪，为我军出入冀东和平北新区创造了便利条件。2 月 7 日，主力部队和宛平县的游击队袭

击了门头沟矿区和日伪运输要点万佛堂、南车营等地，给平郊日伪军以很大震动。

这年3月，敌人从北平近郊各据点及张家口调集了九千余名日伪军，分十路向平西地区发动了一次大规模的“扫荡”，企图摧毁我平西根据地，围歼我军于永定河南岸。3月9日，我平西军民反“扫荡”开始：第十团首先和永定河北岸一股约六百人的敌军展开战斗，在门头沟地区给予重大杀伤。又在青白口、碣石两处伏击和截击敌人，毙、伤日军和伪军一百余人，迟滞了敌人的行动。第九团从11日起阻击由涿鹿县矾山堡进犯的敌人，在风雪严寒中激战三昼夜，把日军独立混成旅团一部2000余人拖在落坡岭一带。第十团在完成阻击永定河北岸敌人的任务后，很快转移到这里。第七团在9日夜袭涞水城后，也赶到大龙门一线。三个团协同作战，打击敌人。在张家庄和杜家庄战斗中毙、伤、俘敌三百七十多人，缴获轻机枪四挺、掷弹筒四具、步枪三十多支、骡马一百六十多匹及骡马驮载的全部弹药和给养物资等，还击落敌机1架。这些战斗的胜利，对粉碎敌人整个“扫荡”计划起了决定性的作用。由门头沟、红煤厂等地出动牵制我军的一路敌人和蹿入斋堂川的几十股敌人，遭我军打击后也很快撤退了。

敌人合击计划破产后，便分散“搜剿”。特别是在金鸡台、大安山一带和宣、涿、怀地区，残杀老幼、奸淫妇女，农具、牲畜大部被毁坏或抢掠。我广大人民群众奋勇抗击，宛平县的模范白卫队协同主力部队打退了进到马兰的敌人，并活捉汉奸、敌特多人；柳林水的群众用镰刀砍死了两名日本兵，缴获了机枪一挺。

反“扫荡”历时十四天，敌人于22日全部撤出根据地。我军共毙、伤、俘日军和伪军八百多人，缴获轻重机枪八挺、步枪一百多支，击落敌机一架。接着，我平西主力各部队活跃于永定河北地区及察南地区，恢复和开辟了一些地区的工作。

（本文发表于2012年10月18日，选自军报记者网）

广东人民抗日解放军诞生于宅梧镇开辟了皂幕山敌后抗日根据地

文 / 邓少军

宅梧是鹤山的山区镇，是名副其实的革命老区。在宅梧镇靖村，有一座余氏宗祠，广东人民抗日解放军司令部曾在这座祠堂驻扎三个多月，在这里领导了粤中区抗日战争，并以宅梧为中心，开辟了皂幕山敌后抗日根据地。2015 年 4 月 30 日，笔者前往宅梧镇，深入探访余氏宗祠。

广东人民抗日解放军多次抗击日伪军

1944 年 10 月，粤中区纵队领导人林锵云、罗范群、谢立全、谢斌和刘田夫等率中区挺进主力部队五百名士兵，执行中共广东省临委和东江军政委员会联席会议（简称“土洋会议”）向中区五邑挺进的战略决策和实施广东人民抗日武装向西发展的战略。

宅梧镇位于皂幕山腹地，四面环山，毗邻当时的开平、高明等县，素有“天然屏障”和“鹤山粮仓”之称，具有重要的战略地位。当年的 11 月 7 日，部队胜利抵达皂幕山区，解放了当时鹤山重镇宅梧，并进驻该镇靖村余氏宗祠。

据了解，当年的 12 月初，省临委特派员梁鸿钧、连贯到宅梧镇远香茶楼主持召开会议，称为“宅梧会议”，传达省临委、军政委员会撤销中区纵队建制，以“广东人民抗日解放军”的番号组建中区人民抗日武装的决议。

在此背景下，1945 年 1 月 20 日，广东省临委、军政委员会向社会宣告成立广东人民抗日解放军武装部队，任命梁鸿钧为司令员，罗范群为政治委员，谢立全为参谋长，刘田夫为政治部主任。当月 29 日，新成立的广东人民抗日解放军部队在鹤山四区宅梧镇举行了隆重的成立仪式和庆祝大会。

在余氏宗祠，笔者了解到，广东人民抗日解放军成立时有四个团，同年增加独立营、五团、六团和独立团，兵力约一千四百人，在当时的新会、鹤山、开平、台山、恩平、阳江、阳春、新兴、高明、高要、赤溪（今属台山）、罗定和云浮等地开展游击战争。

部队成立一年多，共对日伪军作战十五次，抗击日伪军兵力五千余人，击毙、击伤、俘虏日军和伪军共两百余人，缴获日伪军长短枪七十多支。为配合广东全省抗日武装斗争的胜利，以及为接应八路军南下部队创建五岭根据地做出了积极贡献。

1946 年 6 月，按照中共广东区党委关于北撤的指示，广东人民抗日解放军少数人员随东江纵队北撤，大部分复员，留下一百四十多人分散隐蔽，坚持自卫斗争，该部队番号也随之撤销。

司令部旧址已重建并设有展览馆

广东人民抗日解放军司令部旧址现在变成怎样了？ 4 月 30 日，带着疑问，在宅梧镇党政办工作人员的带领下，笔者来到靖村，寻觅这样一个历史的见证。

据介绍，余氏宗祠位于靖村村委会松下村，属于清代建筑，坐东北向西南，原是三进四合院结构祠堂。1969 年，当时的靖村乡因为建校资金短缺，将头进和二进拆了（包括围墙和大部分木板铺阁），木板铺阁变卖用作建校资金，砖瓦用作学校建设，空地置闲，保留了后楼的右座，建筑面积一百三十七平方米。右后楼便是当年广东人民抗日解放军挂牌办公的地方，现在的门口上方，就悬挂了原广东人民抗日解放军政治部主任、原广东省省长刘田夫题写的“广东人民抗日解放军司令部旧址”的木匾。

在重建的祠堂里，设有广东人民抗日解放军成立旧址展览馆，而旧址也是广东省中共党史学习教育基地。走进展览馆一看，里面不仅有关于广东人民抗日解放军司令部的详细介绍，还有他们开展战斗的故事，以及粤中时期抗战部分老同志简介等，还有影片资料介绍。同时，里面还陈列了一些当时的武器，包括

广东人民抗日解放军司令部旧址保留下来的老房子（图片来源：《江门日报》）

刀具和一些步枪。

展览馆的管理员“堂哥”告诉笔者，展览馆所在的旧址是后来新建的，还有一座原来就有的建筑。于是笔者跟随他从展览馆正门出来，经过展览馆旁边的一道侧门，穿过一道小巷子，就来到了祠堂保存下来的一部分建筑。这座建筑是石头的基座，青砖结构，房子原来的老木门外面，加了铁门；房子的外墙上，有 1995 年刻的一块“江门市爱国主义教育基地”的标志牌。房子里面，则有旧址的简介。

鹤山市革命老区建设促进会副秘书长何翔：宅梧适合开展游击战争

今年 78 岁的何翔，一直关心广东人民抗日解放军司令部旧址的建设，曾多次撰文，阐述这里的历史故事。他告诉笔者，广东人民抗日解放军成立的时候，选择将司令部设在宅梧的靖村，是经过认真思考后的结果。

为什么？他说：“选址宅梧，是因为宅梧镇是比较早的革命老区，群众的觉悟高，对党信任；另一方面，从地理位置来看，宅梧背靠皂幕山，周边的山头也连片，适合开展游击战争。”

他认为，成立广东人民抗日解放军，并设司令部，有利于集结鹤山周边如台山、恩平等地的抗日武装，共同打击敌人；也有利于敌后根据地的建设。广东人民抗日解放军组建后，对周边的民团等也进行了收编，壮大了力量；后来，广东人民抗日解放军解散，部队保留在广东各地，为解放战争的开展，保存了力量，也为解放粤中地区奠定了基础。

据介绍，1994 年 6 月，广东人民抗日解放军司令部旧址被鹤山市政府定为该市第一批文物保护单位；1995 年 5 月，旧址被江门市政府命名为“江门市爱国主义教育基地”；2006 年 6 月，旧址被江门市委命名为“江门市中共党史学习教育基地”；2011 年 9 月，旧址被评为了“广东省中共党史学习教育基地”。

何翔说，鹤山市一直很重视该旧址的重修、保护和宣传工作，鹤山市政府、宅梧镇政府在广东省、江门市和鹤山市的各级“老促会”的支持下，筹集资金，重建了余氏宗祠左右各一座二进及天井祠堂和后楼左座，重建工程于 2010 年 10 月竣工。重建后的余氏宗祠的用处，也就是上文所提到的作为广东人民抗日解放军武装斗争史展览室和革命烈士余少杰的事迹展览室等，向后人展示革命先辈们的事迹和那段艰苦但火热的奋斗岁月。

（本文发表于 2015 年 5 月 3 日，选自《江门日报》）